白洲次郎

一流の条件

仕事と人生の格を上げる40の心得

監修 牧山圭男

宝島社

白洲次郎　一流の条件

白洲次郎が生涯を通して貫いた
プリンシプルから見る、

一流の条件とは。

すべての言動にプリンシプルがはっきりしていることは絶対に必要である。――――（略）
残念ながら我々日本人の日常は、プリンシプル不在の言動の連続であるように思われる（『プリンシプルのない日本』白洲次郎著）。全てにおいて原則をはっきりとさせ、自分の頭で考えてそれに基づいて発言したり行動することが大切だと考えた白洲次郎。この信念は仕事での姿勢や人付き合い、趣味・趣向においても然りである。現代に生きる我々へ、次郎のプリンシプルから一流の条件を学ぶ。

はじめに

白洲次郎とは何者か

上司に一番したくない男

牧山圭男

白洲次郎は、日本人としては珍しく建前と本音を使い分けない人だった。プリンシプルを通す姿勢は、オフィシャルでもプライベートでも一貫していて、それを外す姿を見た覚えがない。娘婿《むすめむこ》である私が言うのだからスゴい話だ。次郎をしてよくおっかなかったという人がいる。確かに筋が通ってなければ「おまえ、そんなことしていいのか」とすぐに怒鳴られたが、筋違いで怒ったなど聞いたことがないから、それは仕方あるまい。

前にも書いたことがあるが、私が百貨店で外商を任されていたころ、白洲が顧問をしていた関係で知り合いになった大洋漁業の課長を、白洲には無断で新規開拓とばかりに訪れたことがある。話をしていると偶然にも白洲が現れた。いけね！と思ったがもう遅い。

「君ここで何してるんだ？」「中元の注文でもいただこうかと思って」「ふーん」

そう言って消えた白洲だが、後日家で会うなり「あのなあ、君と僕との関係は個人的なものに留めておこうよ」と言われてしまった。

もちろん公私混同して筋を外したこちらが悪いのだが、そういうときには手厳しい。

かと思うと、官庁がらみの入札で海老を落札したものの、手違いで品物の手当が付かなくなり、困り果ててうちでこぼしたことがある。するとあくる日、「大洋漁業の某部長に電話しろ。海老なんかいくらでもあると言ってるぞ」とぶっきらぼうに言いながらメモを渡してくれた。さりげなく気遣いし、手当してくれる。次郎はそういうやさしさの持ち主でもあるのである。

次郎の前ではいい加減なことができない。そうした意味では、次郎はこっちがダメな奴であればあるほど、「最も上司にしたくない男」である。逆に言うなら、実は素晴らしい成人教育の教材だと言えるだろう。

かく言う私も次郎のおかげで少しましになれたかもしれない。元々いい加減な私でも、こうした態度に何年も接し、また自分の社会的地位も少しずつ上がるにつれ、公私混同を極力しないよう努めるようになった。若いころは誰だってお金も欲しいし、地位も欲しい。だが、次郎の前では「私」はできなくなっていくのだ。

公においても、次郎は権力に擦り寄るとか、金に汚いやつを嫌っていた。「たまたま巡り合わせで得ただけの地位や権力」を才能だと思い、自分が偉いと勘違いして威張るような奴もしかりである。次郎自身は目下の者にほどやさしく、決して威張るようなことはなかったのである。

サンフランシスコ講和会議
へ向かう行きの飛行機では
Tシャツにジーンズという
ラフな格好だったという
（撮影：濱谷 浩）

目次

はじめに
白洲次郎とは何者か　牧山圭男

一章、行動

01／機を逃さない　〇一四
02／問題を正視する　〇一八
03／黙して語らず　〇二三
04／先手必勝　〇二六
05／他人事にしない覚悟　〇三〇
06／事実を言う勇気　〇三四
07／前進的意志　〇三八

二章、信条

01／反骨精神　〇四四
02／うるさ型　〇四八
03／煙たがられて本物　〇五二
04／打算なき正義感　〇五六
05／自分で考える　〇六〇
06／物言う勇気　〇六四
07／プリンシプル　〇六八
08／親切心　〇七二
09／本音で付き合う　〇七六
10／程よい距離感　〇八二
11／例外的弱点　〇八六
12／骨太のデリカシー　〇九〇
13／受け継がれる白洲流　〇九四

14／潔い死生観　〇九八
15／あとを濁さず　一〇二
16／大局に立つ　一〇六

三章、品格

01／真のスポーツマンシップ　一一二
02／お金の使い方と人間力　一一六
03／英国紳士の振る舞い　一二〇
04／公私混同を一切嫌う　一二四
05／恋でもPLAY FAST　一二八
06／清廉された身だしなみ　一三二
07／自分流を貫く　一三八
08／究極のドレスコード　一四二
09／着くずしの心得　一四六

10／高貴なる者の義務　一五〇
11／実力本意　一五四
12／汗を流す　一五八

四章、趣味・遊び

01／モテる振る舞い　一六四
02／車を愛する　一六八
03／機知に富む忠告　一七二
04／オリジナルを堪能　一七六
05／酒と人間の機微　一八〇

おわりに
次郎に見る一流のダンディズム　一八四

年譜　一八八

フォーマルな装いの次郎と正子

一章、行動

01

／

First-class Conditions

／

07

01

First-class Conditions

一流の条件

【機を逃さない】

こういう際は、拙速《せっそく》を尊びます。

太平洋戦争が不可避だと判断して鶴川村（現・東京都町田市鶴川）に転居した40歳頃の次郎

一流の条件【機を逃さない】

機を見極める判断力と実行に移すスピード

◎せっかちであるということ

やると決めたら一気果敢にやり遂げる——白洲次郎の仕事ぶりに、常に共通して驚かされるのは、そのスピード感である。白洲はそもそもが実にせっかちな性格で、それを伝えるエピソードも枚挙にいとまがない。そんな性格もあろうが、そのスピード感の中に見出すべき極意(＝彼が本能的に肝要としていたこと)は、それによって「機を逃さない」ということだろう。

前の見開きの言葉「こういう際は何事も拙速を尊びます」は、終戦後の占領下で、近衛文麿の依頼を受けて憲法改正草案を進める憲法学者・佐々木惣一博士に向けて次郎がかけた催促の言葉。この後には「ぐずぐずしていた日には間に合わなくなりますからね」と続く。(『週刊新潮』1975年8月21日号)

大日本帝国憲法に代わる新しい民主憲法の制定を必要としたマッカーサーは、当初、近衛文麿に白羽の矢を立て、先のごとく草案作成が進められていた。だが、次郎はアメリカの世論を正確に捉えていて、戦犯容疑の濃い近衛を重用することにいずれ猛烈な反発が生じる可能性を懸念していた。事実、マッカーサーは一転、近衛を切り捨て、近衛は戦犯指名。草案は黙殺されてしまうことになる。

◎タイミングを逃せば意味がない

前の見開きの言葉に対する佐々木博士の返答は「いやしくも一国の憲法の案がそんなに簡単にできるか」である。そこには思い入れもプライドもあり、それに値するだけの仕事が進められていたのかもしれない。だが、ときは占領下。次郎は、敵を知り、情報を分析し、一人タイムリミットを睨《にら》んでいた。日本のイニシアチブで近衛草案を通し、さらに近衛の戦犯排除を避けるには、今このタイミングで一気に奏上するしかない――おそらくはそれが次郎の思いだったろう。どんなによい出来でも、独りよがりでタイミングを逃してしまっては何の意味もなさない。仕事を成すにあたって機を逃さない。そこを見極める判断力と、ひとたび決断した際のスピード、それこそ次郎の真骨頂と言っていいだろう。

02

First-class Conditions

一流の条件

【問題を正視する】

臭い物は蓋《ふた》をしないで、いつか始末しなきゃならないんだから、外へ出したらいいんだ。

東北電力会長となった頃の次郎は電力再編に手腕を発揮。写真は只見川を視察する次郎。現場や地元の人々を大切にする〝行動する会長〟だった

一流の条件【問題を正視する】

都合の悪い問題こそきちんと正視せよ！

◎本当のことを言う態度

自分にとって都合の悪いことは見て見ぬ振りをして問題を先送りにする——「臭い物には蓋をする」というのは、どうも日本人にありがちな態度である。しかし、いつかは始末しなくてはならない問題に頬かむりをし、ほったらかしにしておいても何も解決はしない。それどころか事態をもっと悪くする、というのが次郎の考えである。

話を仕事に置き換えてみても、たとえば、明らかに問題があるだろう上司やクライアントの案に対し、議論の俎上《そじょう》に乗せることなく通してしまい、のちに禍根《かこん》を残す。あるいは、あるプランによって不利益を被る人がいるのを認識しながら、売上や企業的論理を優先して見て見ぬ振りをして進めてしまう。そこにあるのは、一貫して主体性のない、無責任な態度である。

次郎は逆に、好ましくない事実であればこそ、それを正視し、問題をはっきりとさせること。それによって初めて解決につながっていくし、自らのためになると主張する。そしてそのために必要な第一歩はというと、空気に流されず、本当のことを言うという態度ではあるまいか。

◎自分に嘘《うそ》をついてはならない

それがなされないことの危険性についてては、次郎はかつて日本が戦争へ至った経緯を例に挙げて、次のようにも言っている。

「戦争前は日本の全部が自己陶酔だね、一種の……。始めはちっちゃな嘘なんだ。ちっちゃな嘘をついて、それがバレそうになると、だんだん嘘を大きくしてゆくんだな。しまいにその嘘をほんとだと自分で思っちゃうんだ」(『文藝春秋』1950年8月号)

もちろん、自分自身に嘘をついたり、欺いたりしてはならない。時代や場の空気におもねって流されることなく、常に問題の本質を正視していくこと。

かつて占領軍GHQのアメリカ人相手にそうしただけでなく、日本人が相手でも変わることはない。誰に対しても言うべきこと、本当のことを言う。それが常にブレることのない次郎のプリンシプルである。

03

/

First-class Conditions

一流の条件

【黙して語らず】

僕はねえ、口が堅いからここまで生きてこられたんだ。

終戦直後に撮影したと思われるポートレート

一流の条件【黙して語らず】

不要なことは語らないという信義

◎語ることの影響力

ある時、妻の正子が「後々の日本のために、次郎さんしか知らない体験を、誰かに書き残させた方が良いんじゃないの？」と話しかけたことがあった。その時、次郎は一瞬なるほどという表情を浮かべたが、すぐにこう言ったという。「やっぱりやめた。所詮歴史というのは、今生きている人が自分の都合の良いように解釈して利用するものだ。第一、俺が今しゃべったら、困る人がまだ大勢生きている」（『白洲家の日々—娘婿が見た次郎と正子』牧山圭男著）

終戦直後、終戦連絡中央事務局参与としてのGHQとの立ち回りから、後の吉田茂の密使としての外交まで、ある意味、政治の表も裏も知り尽くした次郎である。安易に語れることなどなかっただろう。また、戦後処理にあたっていた当時、次郎は「昭和のラスプーチン」「吉田の黒幕」などと、連日、根も葉もない叩《たた》かれ方を経験している。それを通して、事実は必ずしも事実として語られず、「有ること無いこと色々尾ひれをつけて」一人歩きをするということもよくわかっていた。自らが語ることの影響力の大きさについては言うまでもないだろう。

◎墓場まで持っていくもの

こんな逸話もある。ある晩、鶴川の白洲邸で食後のウィスキーを飲んでいると、突然ベテラン風の新聞記者が戸口を叩いた。ある会社の再建計画に、次郎が極秘裏に動いていることを嗅ぎつけてきたのだ。

「僕は何も知らんよ。知っていたとしても何も喋《しゃべ》らんよ。僕はねえ、口が堅いからここまで生きてこられたんだ」と平然と答える次郎に、記者は「失礼しました」と頭を下げ、それ以上の追及を諦め、潔《いさぎよ》く帰って行ったという。語るべきことと語らざるべきこと。その峻別《しゅんべつ》を知る、男同士の話ではあるまいか。

晩年、大量の書類を庭の焼却炉の火にくべて燃やしている次郎に、長女の桂子《かつらこ》が「何を燃やしているの?」と尋ねると、「こういうものは墓場まで持っていくものなのさ」と答えたという。自らの自慢も、自己弁護も一切せず、黙して去る。白洲次郎という男の生き方である。

04

／

First-class Conditions

一流の条件

【先手必勝】

ことは機《き》先《せん》を制さなければの。

正子との結婚祝いに父・文平から贈られたランチア・ラムダと27歳頃の次郎。二人はこの車で新婚旅行へ出かける

一流の条件【先手必勝】

何事でも相手に構える暇を与えない

◎機先がすべて

いささか乱暴な話だが、白洲次郎は喧嘩《けんか》も強かった。喧嘩の仕方をよく知っていたこと、数々の修羅場《しゅらば》をくぐり抜けるとき、それも隠れた彼の強みの一つだったと言っていいだろう。

こんなエピソードがある。ある日、娘の桂子が運転する車に白洲が同乗して都内を走っていたときのこと。たまたま隣に若者たちの車が停車するが、若い女性ドライバーの桂子がもの珍しかったのか懐中電灯で照らしてからかった。すると白洲はあっという間に飛び出してドアを開け、若者を車から引きずり出して謝らせたそうだ。このとき白洲は「喧嘩は機先がすべてだ」というセリフを残している（『白洲家の日々―娘婿が見た次郎と正子』牧山圭男著）。先手必勝。タイミングを逃さず、相手に構える暇を与えない。

◎メトロのライオン

　また、次郎には、美術評論家・青山二郎がつけた〝メトロのライオン〟というあだ名がある。次郎は、初対面の人にはまず嚙《か》みついて、相手の反応でその人の人間の器を量るような悪い癖があったのだ。メトロのライオンとは、メトロ・ゴールドウィン・メイヤー社の映画の冒頭、トレードマークとして画面に登場するライオンだ。
「いきなり画面に現れてウォー、ウォーと吠《ほ》える。あれと同じだ」というのである。長身でいかにも強面《こわもて》の次郎に、出し抜けに怒鳴られたのでは、初対面の相手としてはたまったものではない。それでいて、あとは普通に話し出し、ぶっきらぼうな中にも相手の心をつかむのだ。まったくもって憎めない、困ったオヤジでもある。

Column / Tracks

Oily Boy

イギリスでは車に熱中する男性をオイリーボーイと呼ぶ。次郎のオイリーボーイの第一歩は17歳のころ。生涯を通して車を愛した次郎の終（つい）の車は、1968年製のナローポルシェと呼ばれる911Sモデルだ。もともと1900ccのエンジンを2400ccに自ら積み替えて「このスペックのポルシェは、世界でたった一台しかないんだぞ」と得意気に語っていた。「東名高速で若いヤツをぶっちぎってやった」などと言うこともしばしばだったという。

05

／

First-class Conditions

一流の条件

【他人事にしない覚悟】

他人様が起こした
火事であろうが、
自分のうちで始まった
火事であろうが、

燃えてしまえば
只《ただ》の灰になるだけで、
（中略）
なすり合いを
やってみたところで、
灰になってしまえば
手のつけ様の
ある筈《はず》もない。

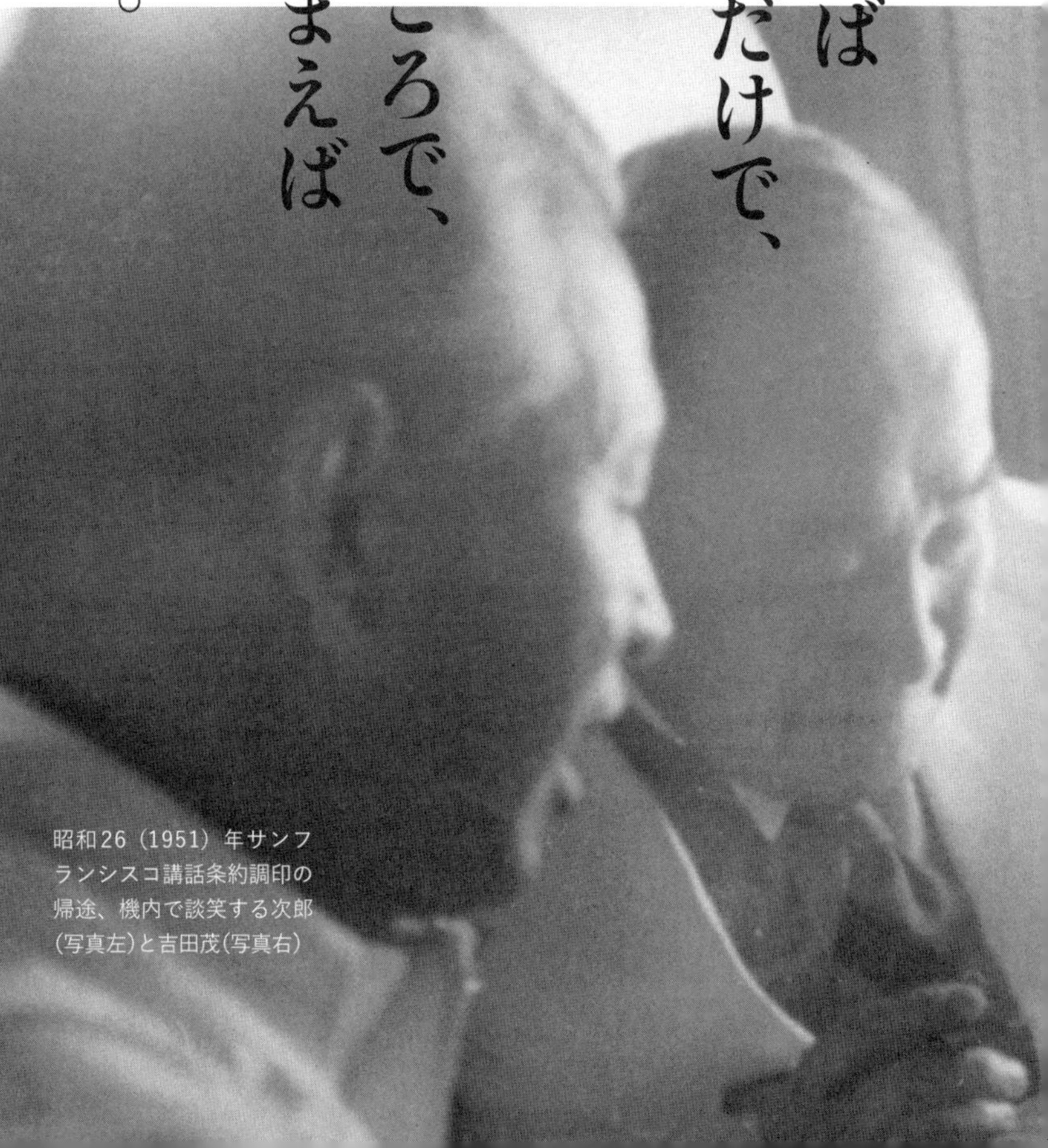

昭和26（1951）年サンフランシスコ講話条約調印の帰途、機内で談笑する次郎（写真左）と吉田茂（写真右）

一流の条件【他人事にしない覚悟】
自分の問題としてしっかり引き受けよ

◎現実を直視しないと無責任になる

昭和28（1953）年当時、日本経済は未《いま》だ戦後の復興の途上にあり、朝鮮戦争による特需も去って、深刻な状況にあった。そんな状況下にあって、経営者たちが、「その原因は自分たちにはなく、他のやつのせいだ」と責任をなすりつけ合っている。そのことに対して苦言を呈《てい》したのが前の見開きの言葉である。船会社は船価が高くて国際競争ができないから、船価を下げろと言い、造船業者は鉄材が高いから船価が高い、製鉄屋は石炭が高いという。原因を他のせいにして、少しでも自分たちに有利にする。ともすれば国家の補助金をあてにする気分さえ頭をもたげているという状態だ。

だが次郎は現状を、「日本の経済は根本的な立て直しを要求しているのだと思う。（中略）それ程事態は深刻で、前途は荊《いばら》の道である」（『文藝春秋』1954年6月号）と言う。その現実が見えていないからこそ、そんな無責任なことができる。「今のようなこの土壇場で、人はどうあれ、俺だけは何とかうまくきり抜けてやろうなんていう様な根性を、発揮できる余地があるとも思わない」（『文藝春秋』1954年1月号）と言うのだ。

◎責任を持つ覚悟を決めよ

つまり、問題解決にあたって他者のせいにして堂々巡りの議論をしているうちは、物事は何も解決しない。それどころか放っておけば、「燃えてしまって只の灰になるだけ」である。火事場には火事場でやるべきことがあるはずだ。目の前に横たわる難局に対しては、事実は事実として勇気を持って直視直面すること。責任の所在を他人事にすることなく、自身の問題として覚悟を決めることが大切なのである。次郎は戦後復興の難局にあたって次のようにも述べている。「我々の時代にこの馬鹿な戦争をして、元も子もなくした責任をもっと痛烈に感じようではないか。（中略）恐らく吾々《われわれ》の余生の間には、大した好《い》い日を見ずに終わるだろう。（中略）然《しか》し我々が招いたこの失敗を、何分の一でも取返して吾々の子供、吾々の孫に引き継ぐべき責任と義務を私は感じる」（『文藝春秋』1954年6月号）。根底にあるのは、その強い覚悟である。

06

/

First-class Conditions

一流の条件

【事実を言う勇気】

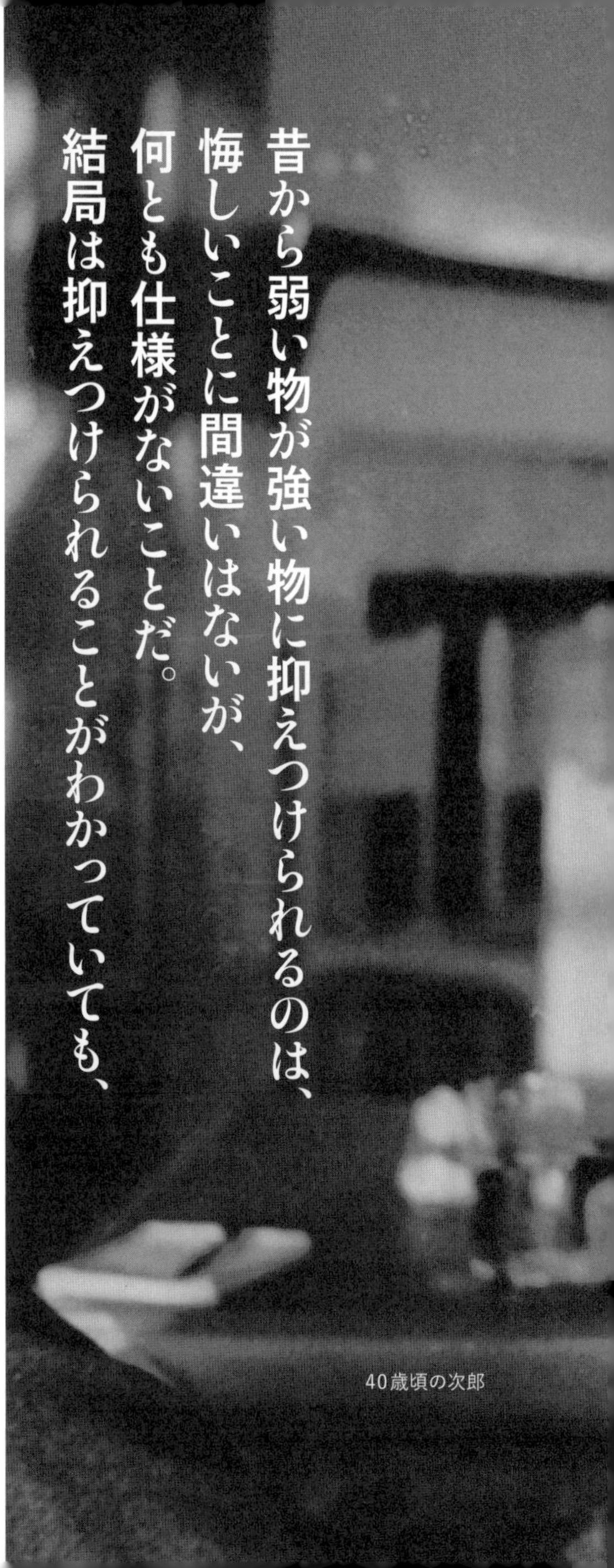

昔から弱い物が強い物に抑えつけられるのは、
悔しいことに間違いはないが、
何とも仕様がないことだ。
結局は抑えつけられることがわかっていても、

40歳頃の次郎

事実を率直に言う勇気は持つべきである。

一流の条件【事実を言う勇気】

物事の筋を通して言うべきことは言う

◎立場で言《げん》を翻《ひるがえ》さない

相手が自分より強いか弱いか、状況が有利か不利か、その立場によって言うことが豹変《ひょうへん》するような人間は当然ながら信用がならない。相手が誰であれ、物事の〝筋を通し〟、「言いたことははっきり言う」、これが次郎のプリンシプルだ。

終戦後の「無条件降伏」の占領下、文字通り全能の権威を持ってなされたGHQからの要求の数々。それが悔しくないわけはないのだが、敗戦の結果であれば、今はそれも致し方ない。

しかし、そこで次郎は決然と言い放つ。

「われわれは戦争に負けたが、奴隷になったのではない！」

敗戦に意気消沈し、卑屈になる日本人や、GHQが実権を握ると見るや、さしたる抵抗もなく言いなりになる人間も多かったなか、次郎の姿勢はブレることがない。終戦連絡中央事務局の参与として、占領政策をめぐり、一歩も引かずにGHQと渡り合ったのである。

◎言うべきことを言う姿勢

プリンシプル(principle)とは、日本語に訳すとすれば原理原則。それを曲げない姿勢を〝Be gentleman〟(=紳士であること)として次郎はケンブリッジでの留学時代に学んだという。

常にプリンシプルに則《のっと》って、おかしいことはおかしいと言い、必要な要求ははっきりと進言する。誰であれ、理不尽な態度は許さない。たとえば、口頭だけで発せられることが多かったGHQの指示に「齟齬《そご》があっては大変だから、指示はすべて文書にしてほしい」と要求した。あとで反証できないと困るからである。その態度は、彼らにとってもルールに即した正論である。こうしてやがて次郎は、彼らをして「唯一、従順ならざる日本人」と呼ばれることになる。

ただし、そこに勝算があったわけではない。「言うことだけ言った上で抑えつけられても何をか言わんや」なのだ。その当時の覚悟については、次のような言葉も残している。

「毎日家を出るときは、もしかしたら今日は殺されるかもしれないが、日本の将来のために言うべきことだけは言っておこうと思っていた」(『白洲家の日々——娘婿が見た次郎と正子』牧山圭男著)

07

First-class Conditions

一流の条件

【前進的意志】

どうしたらよくなるか、
それを工夫してゆくよりしょうがないじゃないか。
よくなるとかならんというよりも、

よくするほかに途がないことを認識すべきだ。

羽田空港で記者団に囲まれる次郎（毎日新聞社／アフロ）

“よくする”という決心のもとに障碍は乗り越えられる

◎強い意志を持つと道は開く

友人の評論家・河上徹太郎が尋ねている。昭和25（1950）年の座談会である。

「ところで次郎さんに訊《き》きたいけどね、これから日本ていう国はよくなるのかい」

これに対する回答が前の見開きの言葉だ。ひと度《たび》「よくなるだろうと思うよ」と次郎は答え、重ねて「なるかい？」と尋ねる河上に、「よくしなきゃダメじゃないの」と答えるのである。

次郎は楽観主義者ではない。日本の現状が悪いのならば、まずその現実をしっかりと認識すべきだという。そして悪い状況を認識したならば、それをよくしていく、どうやったら国民が幸福になるか、そのために工夫していくしかない、というのである。

目の前にある現実をただ嘆いていても何も始まらない。よくなるかならないかなどとただ案じているのは無責任だ。よくないなら、いかによくするか、よくするほかに途がない、そこに見て取れるのは、力強い「前進的意志」だ。

白洲次郎という男は一貫してピンチに強いように見える。それはまず、逆境にさらされても逃げない。状況が悪くても目をそらさず現実を直視するのだ。そうしたら腹をくって、どうしたらそれを解決できるか諦めずに挑んでいく。すべてに共通した、それが白洲次郎のスタイルである。その姿にこそわれわれは惹きつけられるのだろう。

同じ会話の中で、次郎は次のようにも答えている。

「それはいろんな障碍《しょうがい》はあるだろう。しかし人間の決心は強いもんだよ」

強い意志のあるところに道は開ける。自らとともに日本人の意志を信じているのである。

Column
/
Favorite goods

ヒュッテ・ヤレン

毎年冬休みになると、たくさんの食料や飲み物をランドローバーに積み込み、子供達を連れてスキー旅行に行った。志賀高原の木戸池の山荘をヒュッテ・ヤレンと呼び、2週間ほど滞在するのが恒例だった。後年は場所を蔵王に移して楽しんだ。スキーは1～２本滑ってそれでいいやとなる。あとは麻雀したり、本を読んだり。次郎は、氷代わりに固めた雪を入れたウィスキーの水割りを旨そうに楽しんでもいたという。

明治25(1902)年2月17日
兵庫県武庫郡精道村（現・
芦屋市）で産声をあげる

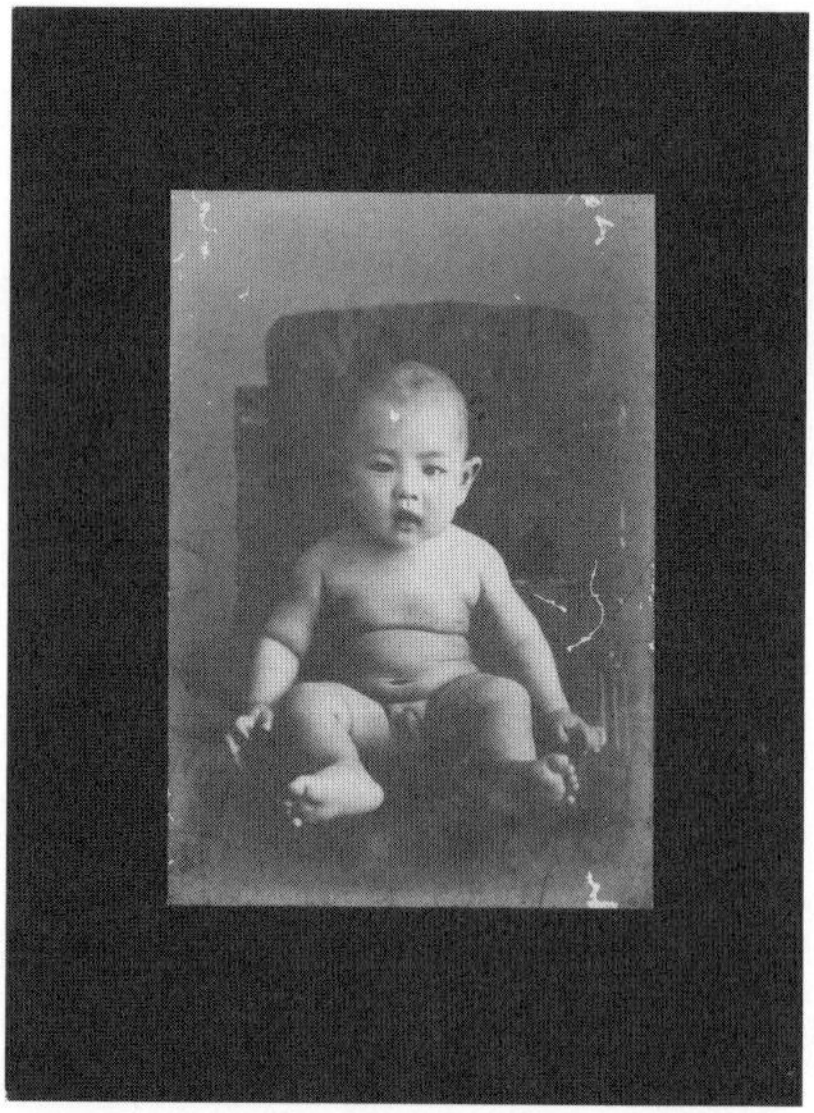

二章、信条

01

／

First-class Conditions

／

16

01 / First-class Conditions

一流の条件【反骨精神】

力をつくって今に見ていろ
という気《き》魄《はく》を
皆で持とうではないか。

終戦処理の渦中でGHQ相手に堂々とした態度で真っ向からやり合った

「コンチクショウ」と奮いたつ心を持つ

◎敗北の悔しさをエネルギーに

勝負に勝ち負けは付きものである。どんな男でも百戦百勝とはまず行くまい。とすれば、人生で大切なのは、実は勝ち方以上に負け方ではないか。負けて折れてしまうのか、それとも悔しさを忘れずに、それを発奮のエネルギーへと転化して捲土重来《けんどちょうらい》を期すのか。「コンチクショウ」というセリフをよく使ったという次郎は、間違いなく後者である。

前の見開きの言葉は、前段として次のような言葉に続いている。

「弱い奴が強い奴に抑え付けられるのは世の常で致し方なしとあきらめもするが、言うこと丈《だけ》は正しいことを堂々と言って欲しい。（中略）その時のくやしさも又忘れぬがよい。力が足らんからなのだ」（『プリンシプルのない日本』白洲次郎著）

言い分が通らなかったとしたら、それは力が足らなかったから。だからこそ、「今に見ていろ」という気迫（気魄）を持つ。負け犬根性とは真逆のこの気迫こそ忘れてはならないものだ。

◎悔しさを忘れぬこと

次郎にとって生涯最大の負け戦は、日本国憲法制定をめぐるGHQとの戦いだったと言われる。できうる限りの駆け引きと手を尽くし、最後の一瞬まで戦いながら、結果から言えば、GHQの手による憲法改正草案を日本政府による改正案として公表し、新憲法が制定される。その時の感慨が「白洲手記」として残っている。

〈興奮絶頂ニ達シ正午頃ヨリ総司令部モヤット静マリ、助カルコト甚ダシ。其ノ如クシテ、コノ敗戦最露出ノ憲法案ハ生ル。「今に見てゐろ」ト云フ気持抑へ切レス。ヒソカニ涙ス〉

また、東北電力会長に就任した際には、社内報の挨拶で次のように呼びかけている。

「（前略）敗戦の結果日本の國《くに》は破産しています。國民《こくみん》も又皆んな貧乏です。この貧乏から立ち上がつて立派に目的をやりとげることは又仕甲斐のあることではありませんか。こんなことに敗けるものかという気持ちが一番大切なことと思います」

悔しさを忘れぬこと。そして反骨の精神こそ前進する力となる。

02

／

First-class Conditions

一流の条件【うるさ型】

人様に、叱られたり、とやかく言われたくらいで、引っ込む心臓は持ち合わせていない。

サンフランシスコ講話会議
公用のパスポート

正しいことは正しい誰に対しても物申す

一流の条件【うるさ型】

◎うるさ型を買って出る

「正しいことは正しい」「言いたいことは言う」、誰に対しても変わらずに、歯に衣着《きぬ》せず物申す――これが白洲次郎のスタイル。昨今、見かけることが少なくなった〝うるさ型〟なのである。

そこにあるのは、私利私欲のない、打算なき正義感であり、そこから発する〝怒り〟である。ときに「馬鹿野郎！」とまるで喧嘩をするような罵声《ばせい》を伴っても、権威によらぬ真っ直ぐな怒りであるからこそ、その言葉は潔く心に届く。

彼自身、そんな昔ながらの〝うるさ型〟を好きだったことを知るエピソードもある。

次郎がまだ若いビジネスマンだった頃、仕事で大失敗をして日頃から口うるさい取引先の重役に呼び出されたことがあった。ひたすら頭を下げる次郎に、「馬鹿野郎、謝ってすむことか！」

という雷とともに、蓋の開いたインク瓶が飛んできた。次郎の着ていたのは運悪くも仕立てたばかりの白い麻のスーツ。スーツには青いしみが広がっていく。ところが、しょんぼり事務所に戻ってくると、「ご注文を頂きに！」と、洋服屋とワイシャツ屋が待っていたという。先の重役が彼らに命じ、結局まったく同じスーツを作ってもらったという。次郎は後々まで、この話を実に嬉《うれ》しそうに語っていたそうである。

また、雑誌『文藝春秋』に久しぶりに寄稿した際に、次のように書いている。

「勝手放題、気儘《きまま》放題の言いたい放題でずいぶんそこら辺でお叱りを受けたものだ」

そのあとに続くのが前の見開きの言葉である。むしろそうしたお叱りも楽しみながら、〝うるさ型〟を買って出ているといってもいいのだろう。

Column
／
Favorite goods

麻雀牌《まーじゃんぱい》

白洲家には次郎が上海で買ったという麻雀牌があった。頻繁に使われて擦り切れた緑色の別珍の箱が収まる皮のケースの中に、象牙の牌と点数表が今も残っている。麻雀は性格が出ると言われるが、次郎は点数の高い手づくりに熱中、強気でガンガン行く。勝つ時は大勝、負ける時は大敗である。妻の正子は安い点数でも細かく上がる。どこ吹く風とペースを崩さない戦法だったという。

03

／

First-class Conditions

一流の条件

【煙《けむ》たがられて本物】

人に好かれようと思って
仕事をするな。
むしろ半分の人間に積極的に
嫌われるように努力しないと、
ちゃんとした仕事はできねえぞ。

ダム建設を請け負った前田
建設工業社長・前田又兵衛
（写真右）と

八方美人ではリーダーは務まらない

一流の条件【煙たがられて本物】

◎大所、高所に立て

地位が上がれば人も寄ってくる。なかには甘言を弄《ろう》して都合よく便宜を図ってもらおうとする輩《やから》も出てこようし、顔色ばかりを窺《うかが》うイエスマンも出現するだろう。あるいは、全体が見えぬゆえの不平不満の声も聞こえてくるかもしれない。しかし、各方面にいちいちいい顔をしようと思ったら仕事などできるわけがない。その辺りのことを、次郎は次のように書いている。

「大体八方美人的のことが多すぎる。評判を気にしたり、皆に評判がよくなりたい様な御歴々も多すぎる。今や我が国は存亡の秋《とき》に直面しているのだから、ほんとに国家のことを考えて、ガムシャラに邁進《まいしん》する様な人々が指導者の地位に就くべきではないだろうか。私の知っている人々でも、皆が好い人だと賞め過ぎて悪口を言われない様な人々は、おしなべて馬鹿に限るようだ」（『文藝春秋』1953年6月号）。大切なことは、私心なく、大所、高所に立って判断できること。周囲に惑わされることなく、こうと思ったらその姿勢を貫けること。となれば、周りからは煙たがられるくらいで当然と次郎は言うのである。

◎イヤシイ人間になるな

私利私欲をもって人と付き合おうとするような〝イヤシイ奴〟を次郎は最も嫌っていた。そのような人間にちゃんとした仕事などできるわけもなく、リーダーたる資格などあるわけがない。それはある種の財界人に対する次のような苦言からもわかるだろう。

「困ったときだけ大変だ大変だと大騒ぎして、政府に助けてくれと泣きついてくるが、それで儲《もう》かったときは知らぬ顔の半兵衛を決め込む。プリンシプルもなく、走り出したバスに飛び乗るのがうまいだけだ」（『白洲家の日々──娘婿が見た次郎と正子』牧山圭男著）

前の見開きの言葉は、東北電力会長時代、自ら只見川水系の工事現場をまわっていた際のこと。陣頭指揮を執る前田建設工業社長・前田又兵衛に感心し、語りかけた一言だ。次郎はさらに言葉を継いでいる。「おまえのガニ股や、面つきはいかにも土建屋らしくって結構だ。生涯それを捨てるな」──人間に対する目利きも一流の、いかにも次郎らしい話ではあるまいか。

04

/

First-class Conditions

一流の条件

【打算なき正義感】

ボクは人から、アカデミックな、
プリミティヴ（素朴）な正義感
をふりまわされるのは困る、とよくいわれる。
しかしボクには
それが貴いものだと思ってる。

園遊会にてGHQ高官と談笑する吉田茂（写真右端）と次郎（その隣）。長身の次郎は容姿も態度も米国人に引けをとらない

一流の条件【打算なき正義感】

本物の紳士たる者真っ直ぐな正義を持ち続ける

◎ダンディズムに通じる精神

白洲次郎の生き方から伝わってくる、類い稀なる潔さや清涼感。それを根底から支えるものは何かといえば、彼が英国で学んだ〝プリンシプル〟であり、そこに端を発する〝プリミティヴ（素朴）な正義感〟だろう。

プリンシプルは日本語にすれば「原理原則」だが、ケンブリッジでの〝Be gentleman〟＝紳士たるための、高潔な精神原理と言ってもいいものである。

それは、やはり次郎がときに口にしていたという言葉「ノーブレス・オブリージュ（noblesse oblige）」、直訳すれば「位の高いものの責務」とも相通ずる。貴族など特権を与えられたものは、それをなんらかの形で社会に還元せねばならぬ――という意味であり、騎士道や武士道に通じる精神といってもいい。

それはいかなる権威にも怯《ひる》まず（むしろ権威をよしとせず）、筋の通らないことには厳然とノーを言う精神であり、強きをくじき、弱きを助ける精神といってもいいだろう。

◎最後まで捨てなかった流儀

その次郎の人物像について、年下の友人の堤清二は次のように語っている。
「私利私欲をもってつき合おうとする人間を白洲ほど敏感に見抜き、それに対し厳しい反応を示した人を他に知らない。そして、そういう人間は白洲を怖い人と思うだろう。白洲が晩年に至るまで、仲良くつき合っていた人に共通した性格があった。私心のない人、大所、高所に立って、自分の考えや行動すらも客観的に捉えられる人、本当の愛情のある人」（『風の男 白洲次郎』青柳恵介著）
〝プリミティヴな正義感〟とは、打算のない、真っ直ぐな正義感である。その流儀に反するものには、ときに激しい怒りとして爆発した。前の見開きの言葉に次郎は続けている。
「他の人には幼稚なものかもしれんが、これだけは死ぬまで捨てない。ボクの幼稚な正義感にさわるものは、みんなフッとばしてしまう」。その姿勢は生涯変わることがなかった。

軽井沢の別荘にて。友人を
囲んで酒を嗜む次郎

05

First-class
Conditions

一流の条件【自分で考える】

おまえ、自分ではどう思うんだ？

一流の条件【自分で考える】

看板や肩書きに頼らず自らの足で立つ

◎自分の頭で考える喜び

ケンブリッジへの留学時代、J・J・トムソンという優れた物理学者の教授のクラスで試験を受けたときのこと。次郎は教わったことを徹底的に復習して試験にのぞんだが、返ってきた答案の点数は低かった。そこには、「君の答案には、君自身の考えが一つもない」と書かれていた。次郎はその瞬間、はっとすると同時に、痛快な喜びが込み上げてきたという。やってやろうじゃないか！　自分の頭で考える——以来、次郎が生涯を通じて大切にしていたことである。

実社会において出会う局面は、教科書に書いてあることとは違うし、いつも新しい。いつも自分の頭で考え、自分の頭で判断すること。そして自分の意見を持つことが大切である。しかし、日本人は必ずしもそれが得意ではないようだ。そのことを「自分で考えることを教えない。

日本ぐらい自分でものを考える奴が少ない国はありませんよ」（『サンデー毎日』1953年8月2日号）

と次郎はたびたび批判している。

◎それでいいじゃないか

ともに通産省を立ち上げた永山時雄の息子・永山治のことを次郎はとてもかわいがっていた。その永山が何度か仕事のことで相談に行ったときのエピソードも残っている。

「おまえ、自分ではどう思うんだ？」（『レジェンド 伝説の男 白洲次郎』北康利著）

と次郎が聞き、自分の考えを述べた永山に、

「じゃあ、それでいいじゃないか。もうおしまい」と語ると、あとはたわいもない話をして酒を飲んだという。――自分の頭で考えて、自分の信ずることを自分の力でやればよい、それが次郎の答えなのであろう。

日本人はともすると所属する組織の看板で仕事をするが、国際的にはそれでは通用しない。看板や肩書きに頼らず、個人の力で仕事をすることが大切、というのも次郎の教えだ。吉田茂の密使として海外の要人と交渉したときしかり、外国の旧知の友人と語らうときしかり、次郎は肩書きなど必要としない。自らの足で立つ、白洲次郎はいつも白洲次郎なのである。

06
／
First-class
Conditions

一流の条件

【物言う勇気】

日本の若い人に一番足らんのは勇気だ。

そう言ったら損をするということばかり考えている。
自分の思うことを率直に言う勇気が欠けている。

英国から友人のロビン・ビングの息子を招いた折の一枚

損得勘定で自説を変えず率直に物を言え

◎一歩も引かずに堂々と申す

次郎の若き友人であった実業家であり、また小説家の辻井喬《つじいたかし》（本名・堤清二）は、次郎の数々の「発言」について、次のように評している。

「こうした議論を通して現れてくるのは、白洲次郎という人格の大きさであり、『自由度』の広さである。彼はどんな勢力にも人物にも、気兼ねをして自説を抑えたり、曲げたりするようなことを絶対にしない」（『プリンシプルのない日本』白洲次郎著）

敗戦処理下、占領軍GHQと立ち回ったときは言うに及ばず、その後も役人や政治家、財界人などを相手に、さらには一私人としての晩年に至るまで、誰に憚《はばか》ることなく「言うべきことを言い続けた」のが白洲次郎である。

「言いたいことを言う」というと、あるいはお気楽なことと思うかもしれないが、そんなことはない。物言うには「勇気」が必要である。戦後日本の再建途上、外交も含めた数々の政治問題に関わる中で、一歩も引かず堂々と物申し続けたからこそ、その相手からもある種の畏怖とともに尊敬も受けた。すでに何度か書いたが、その背景には、紳士としてのプリンシプルに則った自負と、強烈な覚悟があったのである。

◎曖昧にするのは言語道断

自分の思うことを率直に言う、つまりそのためには、次郎の言うところの〝プリミティヴな正義感〟、私心のない相応の覚悟を伴う必要があるのだ。そしてその次郎の目から見て、「日本の若い人に一番足らん」のは、そうした「物言う勇気」だというのだ。己の損得勘定ばかりを考えて、はっきり意見を言わない。あるいは右に左に意見を翻すなどというのは言語道断である。かつての日本人はそうでもなかった、覚悟を持て、とこうも言っている。

「日本人も維新前までは、とてもはっきりしてたらしいな。昔の武士の一番大切なことは、それだったらしいな。この頃は何か知らないけど、『まあまあ』とか『とにかく黙って』だよ。死んだふりしてろというんだな。ダメだよ」(『文藝春秋』1950年8月号)

07

／

First-class Conditions

一流の条件

【プリンシプル】

プリンシプル（原理原則）のない妥協は妥協ではなくて、一時しのぎのごまかしに過ぎないのだ。

ベレー帽姿で船遊する次郎

「まあまあ」は問題の先送り

◎妥協するにもプリンシプルが必要

次郎が生涯を通じ、ことあるごとに口にしていたのが「プリンシプルが大事だ」ということだ。彼はこれを英国留学のケンブリッジで学んだわけだが、「西洋人とつき合うには、すべての言動にプリンシプルがはっきりしていることは絶対に必要である」とも言っている。

プリンシプルは直訳すれば原理原則だろうが、もう少し噛み砕いて言うとどういうことか？お互いにフェアであるために尊重しなければならないしかるべき原則、とでもいうべきか。ジェントルマンであるためには、その行為がプリンシプルに合致しなければならない。逆に、そこから逸脱した卑怯《ひきょう》な行為は最も恥ずべき行為であり、非難の対象となってしかるべきであるというわけだ。付け加えれば、高い立場にいる人間にことさら求められる。ノーブレス・オブリージュ（位の高いものの責務）である。次郎はただその一つをもとに、筋の通らない不正義には噛みつき、ときに容赦なくしかり、自らを律し続けてきたのである。

議論や交渉ごとにおいて、ただし、次郎は妥協がだめであるとは言っていない。その議論のプリンシプルがどこにあるか――たとえば、お互いにどこへ向かおうとしているのか――がはっきりしていることが肝要で、その上でのフェアな落としどころというのが必要なこともある。ただ問題は、日本人の場合プリンシプルをほったらかしに、単に問題を先送りして「まあまあ」で丸く納めようとすることがあるということ。それは妥協ではなくて、一時しのぎのごまかしにすぎない。相手にしてみれば狐につままれたようなもので、問題は何も解決していない。それでは国際的に通じませんよ、というのである。

Column / Favorite goods

ヘンリー・プール

お洒落はひけらかすものではなく、あくまでさりげなくが英国流。本当に価値のあるものを知り、次郎はごく自然に一流品を身につけた。背広は、“背広”という言葉の語源になったと言われるロンドンのセビル・ロウにある老舗ヘンリー・プールで仕立てた。次郎と吉田茂がディナージャケットを6着オーダーした記録が残っている。現在のお金に換算すると200万円ほどになるそうだ。

08

／

First-class Conditions

一流の条件

【親切心】

人が困っているときは助けるもんだ。

東京都町田市・鶴川にある武相荘の庭先にて。次郎の友人で評論家の河上徹太郎と

一流の条件【親切心】

親切はさりげなく、しかし一生懸命に

◎焼け出された居候を家族同様にもてなし

強い者や権力には、牙を剝き出して戦う次郎は、一方で義理人情にも篤《あつ》かった。「人が困っているときは助けるもんだ」がモットーで親切を尽くした。友人などにはもちろん、周囲の誰にでも一生懸命に面倒を見る好々爺《こうこうや》の一面もあったのである。

次郎は、昭和20（1945）年の東京大空襲で焼け出された友人で評論家の河上徹太郎が住む場所もなく困っているのを知ると、五反田の焼け跡を訪ね、「君たちが住めるようにしてあるから行こう」と、河上夫妻を鶴川の武相荘《ぶあいそう》に引き取った。しかも家族同様に母屋に住まわせ、食事も一緒、さらに書斎まで用意したというから驚きである。河上自身も自らの著書で、貴重だった米を嫌な顔もせず食べさせてくれたと感謝の言葉をつづっている。

◎武相荘で取れた野菜を配達

武相荘では、畑を耕し、農業に勤《いそ》しんでいた次郎は、できた作物を食糧難で困っている友人宅にわざわざ届けてまわってもいる。そのやり方は、いかにも次郎らしく、大根や人参などをどさっと玄関先に置いて、そのまま何も言わずに帰ることが常だったという。武相荘に居候する前の、河上徹太郎の家にも、よく野菜を届けたが、やり方はやはり同じ。物音に気づいて河上が外に出てみると、もう次郎の姿はなかったという。

武相荘での河上は、これといってすることもなく、農作業の手伝いをしてみるものの文筆業暮らしの彼が満足にできるわけもなく、はっきりいってまったくの役立たず。近所の少年が、「おじさん、なにで食べてるの？」と真顔で尋ねたことがあったそうである。

Column
/
Buaiso

武相荘と次郎

終戦の2年前、次郎は41歳の若さで自称「隠居」し、神奈川県の鶴川村に住んだ。その居所の名は「武相荘」。鶴川が武蔵と相模の間にあったことと「無愛想」をかけたネーミングである。自ら「百姓」と名乗り、農業に勤しんだのは、「やがて食糧難の時代がやってくる」と時代を読んだ結果でもあった。

09 / First-class Conditions

一流の条件

【本音で付き合う】

本当の友情は腹を割り合った仲にのみ生まれる。

中学時代に乗っていたペイジ・グレンブルック

相手が好きそうなことばかり言って一時的に相手を喜ばして、してやったりと思っているなど浅はかな極みである。

一流の条件【本音で付き合う】

言うべきことは言う そこに信頼が芽生える

◎友情に通じる外交の基本

次郎は、敗戦後の日本の進路を決めるさまざまな交渉を米国相手に続けてきた。前の見開きの言葉は、その過程で生まれたもので、「米国人のご機嫌を取ろうとする日本人が多い」ことに対して向けられたものである。つまり、いうべきことはズバリと言わなければ、本当の信頼関係は生まれないと言いたかったのである。

しかし、このことは当然ながら本来の友情にも当てはまる。空襲で焼け出された河上徹太郎を自宅に引き取って世話をしたことは前頁で触れたが、この河上とも何事も忌憚《きたん》なく言い合う仲だった。次郎はもちろん、河上も居候の身でありながら言うべきことはズバリと言ってのけた。日本を代表する文芸評論家の小林秀雄とは、後に子供同士が結婚し、親戚関係になったが、その仲も同様だった。政界でも吉田茂らとも激しく言い合ったし、財界でものちまで親交が続いた人物は、みな遠慮なく言い合った仲だったのである。

◎英国流の心を学んだ友・ロビン

そんな次郎の信条のもとに結ばれた友情の絆《きずな》が非常に強いものだったことは言うまでもない。英国留学中に始まったロビンことロバート・セシル・ビングとの友情は、その一例である。ロビンは7世ストラッドフォード公爵の称号を持つ貴族で、次郎の英国流スピリッツや心構えは彼の影響下で育まれたものだったらしい。次郎の妻でエッセイストの白洲正子は、その著書で、「身のこなしといい、教養といい、古き良き時代の英国紳士の典型といえよう」と述べ、次郎の英国流美学はロビンから学んだものだと指摘している。

次郎とロビンは大学時代に出会い、当時、ベントレーとブガッティという2台のスポーツカーを持っていた次郎は、ロビンと一緒によく自動車レースに出場していたという。二人はともにオイリー・ボーイと呼ばれる車好きで、休みにはブガッティを駆って2週間にわたってヨーロッパをドライブすることもあった。そんな青春時代を経て、その交流は次郎が亡くなる直前まで続いたのである。

東北電力会長時代は足繁く建設現場に通い、現場の人たちと談笑する姿もよく見られた

10

First-class Conditions

一流の条件

【程よい距離感】

夫婦円満のコツは一緒にいないことだよ。

昭和4（1929）年に27歳の次郎と正子は結婚。写真は大磯の正子の実家にて

大きな柵の中でお互いを「放し飼い」に

◎ずいぶん我慢強い男と思っただろう?

次郎はいうまでもなく、妻の白洲正子もまた、当代一流の教養人である。その夫婦のありようは、これもまた一流というべきだろう。『風の男 白洲次郎』の著者、青柳恵介は、あるとき次郎に、「君は僕をずいぶん我慢強い男だと思っただろう?」そう尋ねられたという。意味がわからずに聞き返すと、「あの婆さんと僕は今までつき合ってきたんだよ」次郎は、そう答えたという。あの婆さんというのは、正子のことである。もちろんジョークだが、まったく見当違いともいえない。正子は、普段から家で料理を作ることはほとんどなかったというし、さらには子供の学校行事に顔を出すこともなかったようだ。しかし、次郎はそんなことを正子に求めなかったのである。

◎お互いをベスト・パートナーと信じて

また次郎と正子は、それぞれが忙しい身ということもあるが同じ家で住んでいるにもかかわらず、一緒にくつろいでいるということはめったになかった。しかしながら二人はお互いをベスト・パートナーと信じていて、それぞれに尊重し合っていたのだろう。

娘婿の牧山圭男によると、「一定のプリンシプル（原則）とコモンセンス（良識）の、あるレベルを共有した大きな柵の中で、それぞれお互いを大らかに放し飼いにしていた」という様子だったという。それぞれのいい面も悪い面も受け入れて、その上でお互いを認めていた。夫婦が程よい距離を保ち、ある程度「放し飼い」にするというのは誰にでもできることではない。これもまた一流の条件なのである。

Column
/
Track

「鈴鹿峠」の石碑

今も武相荘の庭の片隅に「鈴鹿峠」と書かれた石碑がひっそりとただずんでいる。次郎と正子はランチア・ラムダというイタリア製の車で京都、奈良、箱根などへ新婚旅行をしたのだが、ちょうど鈴鹿峠にさしかかったとき、濃い霧で見通しがきかず、正子が路肩を歩いて車を誘導したという。正子にとって大変な新婚旅行になったわけで、石碑はその記念なのである。

11

First-class Conditions

一流の条件

【例外的弱点】

英国では娘の亭主のことをseven years enemy（七年の敵）と言うんだ。

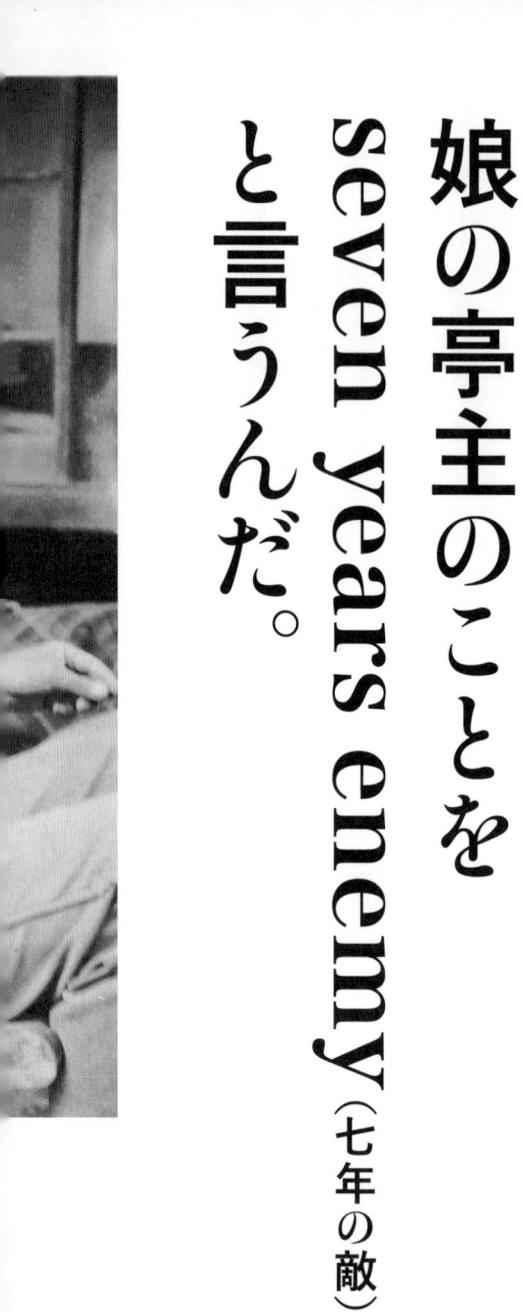

東京都町田市・鶴川にある
武相荘の庭先にて。妻・正
子と

一流の条件【例外的弱点】

意外にも愛娘だけには甘かった

◎ジロウのジェラシー

自分自身の見識を重んじ、行動や生き方にプリンシプルを貫いた次郎だが、愛娘のことになるといささか様子は異なっていたらしい。子供の結婚についての次郎のプリンシプルは、「僕は子どもの結婚には一切反対しないことにしているんだ」というものだったが、桂子と牧山圭男の結婚に際してはむしろ逆だった。このケースでは、「たとえ誰であろうと、娘と結婚しようとするヤツは断固反対する」という本音が先立っていたようである。前の見開きの言葉は、そんな次郎が牧山に向かって言ったものだが、親友のロビンに言わせると、英国にそんな言葉はなく、「それはジロウのジェラシーだ」ということになる。〝七年の敵〟とはイギリス、オーストリア、ロシア、フランスなどのヨーロッパ諸国との間で行われた七年戦争のことを意味し、次郎としては、それほど根深い敵対関係になるということが言いたかったのかもしれない。

◎どこか憎めない人

当時、牧山はドイツ車のセールスの仕事をしていたが、それについても、「セールスマンはジェントルマンじゃないという言葉があるぞ」。そんな嫌がらせとも取れることを言っていた。しかし、これも次郎が作ったもので、イギリスにはそんな言葉はないという。どうやら愛娘は次郎の数少ない弱点だったようである。次郎のプリンシプルがホンネに負けた数少ない例なのだが、思えば完璧なようでいて、どこか憎めない弱点があるというのも一流の男の条件なのかもしれない。

Column / Memento

ディナージャケット

娘の桂子が牧山圭男と結婚することになった、その披露パーティーでのこと。牧山の家族はディナージャケットを着ることになり、白洲家もそれに合わせようということになったが、次郎は、「ディナージャケットは午後5時過ぎに着るもの」と断固譲らず、スーツにネクタイを押し通したのである。

12

／

First-class
Conditions

一流の条件

【骨太のデリカシー】

オフサイドはしてねえだろうな！

娘・桂子の結婚式での次郎

子供たちの結婚には反対しない？

◎父親はみな同じ？

娘の結婚相手について、さんざん嫌味を言っていた次郎だが、いよいよ牧山が結婚をお願いする挨拶のため次郎のもとへ来たときのこと。牧山が「お願いがあります」と切り出すと、「何だ、君に頼まれることなんか何もありゃせんよ」と、取り付く島もなかったという。牧山が結婚のことを切り出すと次郎の顔は一瞬こわばり、それから、「僕はね、子供たちの結婚には一切反対をしないことにしているんだ」と、例のプリンシプルを持ち出した。一般論で逃げて、同意するとも言わなかったが、反対するとも言わなかったため、牧山はこれを次郎の「骨太のデリカシー」と解釈し、OKと受け取った。じつは次郎自身、正子との結婚では問題がなかったわけではない。正子の実家・樺山家は名門だし、当時の次郎は無職だった。いわば難関を乗り切ったのだ。だから牧山の気持ちも内心では理解していたのではないだろうか。

◎娘のことには弱気

牧山が言う「骨太のデリカシー」について、娘の桂子は、「パパはただ気が弱いだけ」と一蹴したという。その晩、次郎は桂子と二人きりになると、「オフサイドはしてねえだろうな」、小さな声で言ったそうである。オフサイドとはラグビーの用語で、ボールの前にいるプレイヤーはボールプレイができない反則行為のこと。それに事寄せて、結婚前の肉体関係について釘《くぎ》をさしたのだろう。ちなみに牧山は、自身がやっていたバスケットボールに、オフサイドという反則はないと書いている。

次郎に挨拶する前、牧山は正子にも会っているが、その結果、「アレは大丈夫よ」と保証の言葉を口にしたそうである。正子の保証付きでは、次郎の抵抗もいよいよ弱体化、降参するしかなかったのである。しかし、桂子が「結婚したら働いてもいい」と言っていたと告げた途端、正子は厳しい顔で、「それはだめ。あの子はそんなことできない、ウソよ」と否定したという。その桂子は、いま次郎と正子の住まいだった武相荘を記念館として公開し、上手に運営しているのだから、これに関して正子の見立ては間違っていたのかもしれない。

13
／
First-class
Conditions

一流の条件

【受け継がれる白洲流】

東大に行け。そして役人か銀行員になれ！

イギリスのクレア・カレッジ入学時の写真

孫・龍太に残した次郎の「宝物」

◎孫との濃密な時間

前の見開きの言葉は、次郎が孫に向けたものである。すぐそばで聞いていた妻の正子は、「次郎さん、またいいかげんなことをいって。役人なんて絶対なっちゃダメよ」とたしなめたそうだが、自分がいろいろな交渉でした学閥などの苦労を孫にはさせたくなかったのだろう。孫とは牧山圭男と愛娘・桂子の長男である龍太のこと。

愛娘に対する次郎の親バカぶりはすでに触れたが、それは孫の龍太に対しても同じだったらしい。次郎は孫に肩を揉んでもらい、ウィスキーを飲みながらテレビを見るのが好きだったという。ニュースを見ながら、いろいろな話をしたという。そんなこともあって、龍太は後に、「おじいちゃまと僕だけの宝の時間」といって大事にしていたようである。

◎東大にも行かず、役人にもならず

次郎と多くの時間を過ごしたことが影響したのか、龍太は学生時代、若き頃の次郎と同じくラグビーに熱中した。だが、次郎の言葉に反して東大に行かず、役人にもならなかった。大学を卒業するとき、次郎と旧知だったトヨタの豊田章一郎にそれとなく入社を勧められたが、龍太は断って自分が選んだ会社に入ったという。「おじいちゃまが生きていたら、完成したところには行くなと反対したと思うよ」というのが龍太の答えだったという。龍太の就職先は、世間的にはトヨタとは比べものにならない会社だったそうで、父親の牧山としては、「また、じいさん、余計なことを吹き込んで」と思っただろう。しかし、次郎がどんなことを話したのか、龍太は秘密にして詳しいことには触れなかったという。

Column
／
Favorite goods

龍太の名付け親

日本有数の文芸評論家・小林秀雄は、じつは次郎の孫の名付け親だった。小林と次郎は旧知の間柄だったうえに、小林の娘・明子と次郎の次男・兼正が結婚したため親戚関係になった。龍太という名前は、自分の身内に男の子が生まれたら付けようと小林が用意していたものらしいが、白洲という姓と合わないという理由でまわってきたもの。小林は「牧山という姓にぴったりだ」とお気に入りだったそうである。

14 ／ First-class Conditions

一流の条件

【潔い死生観】

死んだら腐るということだ。

軽井沢での一枚

一流の条件【潔い死生観】

地位や名誉ではなく今を生き抜くということ

◎やがて土に還《かえ》る

あるとき、「あなたのモットーは?」と訊かれて次郎が答えた言葉であり、晩年の口癖ともいわれるのが、この「死んだら腐るということだ」である。

次郎が永山治（通産省創設時の片腕・永山時雄の息子）に語ったこんな逸話もある。

「おれは若い頃乱暴がすぎて、親に連れられて寺の和尚さんに預けられたことがあった。三日間寺の柱に縛られ、『自分の生きている意味をもう一度しっかり考えてみろ!』と言われてはおってかれたのだが、三日目に『死んだら腐る!』と言ったら放してくれたんだ」（『レジェンド伝説の男 白洲次郎』北康利著）。

人間は死んだら、腐り、ただの物体となる。次郎らしい実にシンプルな言い回しだが、言葉の裏には潔く、突き抜けた死生観が窺える。人間も自然の一部であり、当たり前にやがて死が訪れる。そして死んだらオシマイ、ジ・エンドである。だからこそ、一度きりの人生を、使い惜しみすることなく精一杯生き抜くべし、ということだ。

ある種達観したこの死生観は、世俗の地位や名誉、そうしたものにおよそ興味を示さず、幼な友達で友人の今日出海《こんひでみ》をして「あまり野心も欲もない」と言わしめた次郎の生き方ともよく合致する。鶴川村に隠棲《いんせい》し、野良仕事を好んだ次郎にしてみれば、人も動物も植物もやがて土に還る。浮世のそんなしがらみの方がよっぽど小さなことだったのかもしれない。実際、使命を果たしたと考えた次郎は、57歳にして東北電力の会長から退任。一農夫へと立ち返っていく。そこには微塵《みじん》の執着もない。やはり骨太のカントリー・ジェントルマンだったのである。

Column / Favorite goods

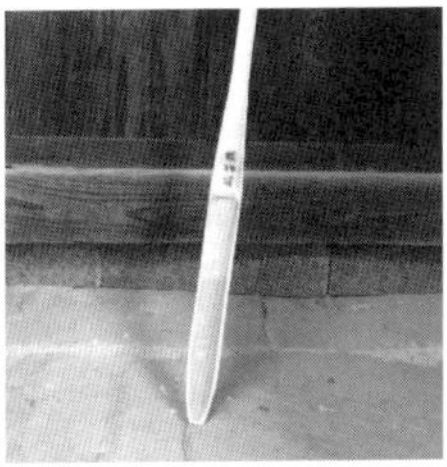

竹製の靴べら

次郎は木や竹でいろいろなものを作る“大工仕事”が大好きだった。工作は小さな頃から好きで、ドライバーなどを収納する工具入れも自作して愛用していた。次郎の手による竹製の電気スタンドとテーブルは、今も武相荘に展示されている。次郎が度々訪れた下諏訪の温泉旅館「みなとや」には、竹を削って作った靴べらを送って喜ばれたという。たまたま訪れた永六輔も絶賛したとか。

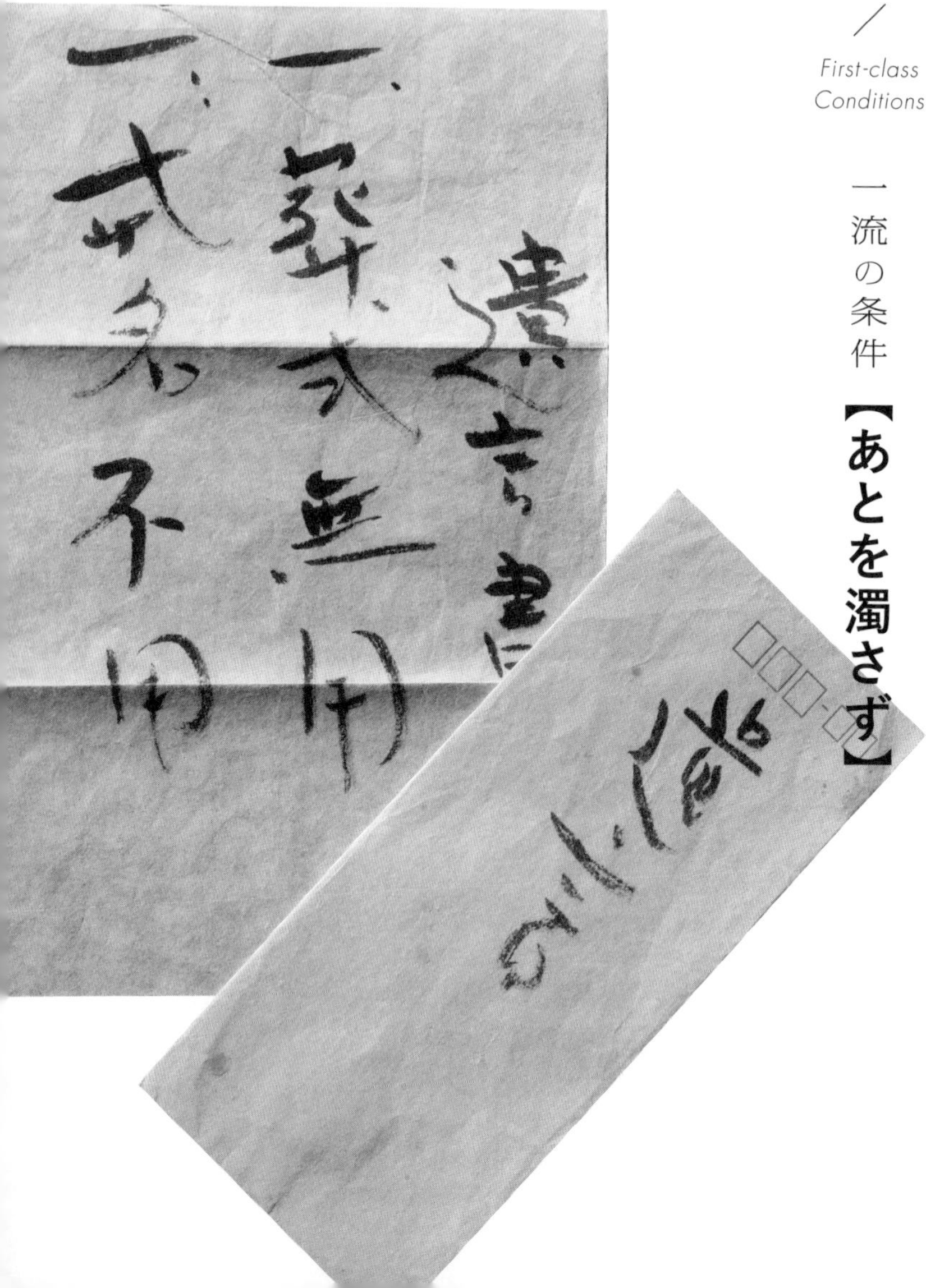

15

First-class Conditions

一流の条件

【あとを濁さず】

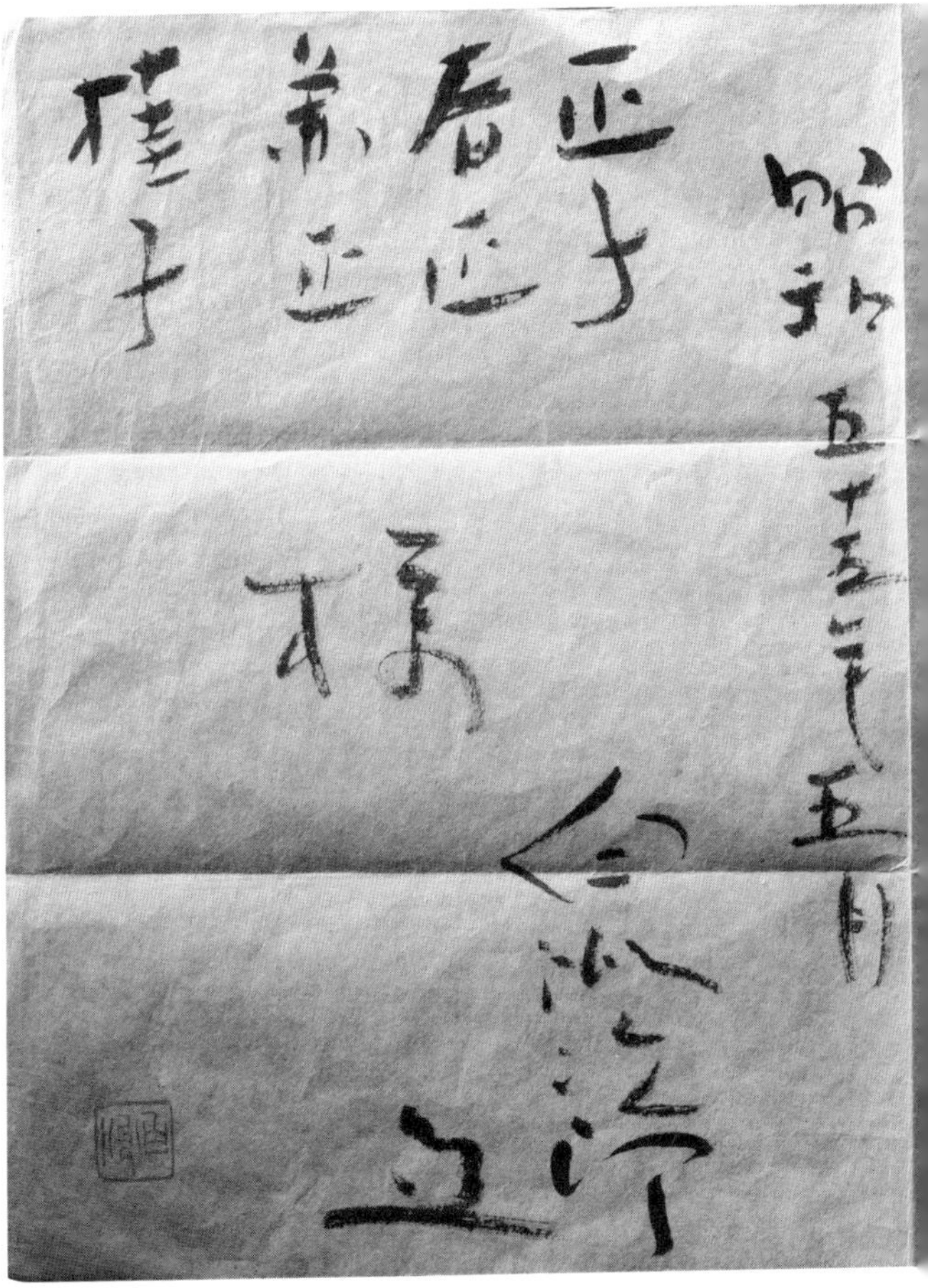

昭和60（1985）年11月28日享年83歳。たった二行の潔い遺言状

一、葬式無用 一、戒名不用

生者は死者の為に煩わさるべからず

◎たった二行の遺言書

生前、次郎は「俺が死んでも葬式はするな。もし背いたら化けて出るぞ」と妻の正子に伝えていた。生前付き合いもなかったような奴が、お義理でゾロゾロと来るような儀式などくだらない。真っ平ごめんだということらしい。

「でも、そんなの口で言ってもだめよ。ちゃんと書いておかないと、周りが承知しないよ」

そう正子にたしなめられて、即座に書いたのがこの「一、葬式無用　一、戒名不用」たった二行の遺言書である。

親戚や友人、知人の葬儀にも参列しなかった次郎だが、この葬式無用の遺言書は、かつて画家の梅原龍三郎が遺言として書いた、「生者は死者の為に煩わさるべからず」という書に感銘を受けたことがきっかけであるともいわれている。

◎風のように去る

死の直前には、自らの死期を悟ったかのように京都を訪ね、親しくしていた店を訪ねている。花街・祇園の花見小路の一角にある次郎の馴染みのお茶屋「松八重」を訪れたときには、帰り際に女将が「また近いうちに来ておくれやす」と声をかけると、次郎は「それより先にお迎えが来るよ」と答えたそうだ。

旅から帰って4、5日後の夜、体調を崩して入院することになるのだが、その日は相撲の千秋楽。ソファーに横になってテレビを見ながら、傍らにいた娘の桂子にポツリとひと言。

「相撲も千秋楽、パパも千秋楽」

その言葉を最後に病院へと向かい、入院してわずか二日後、白洲次郎は何ら苦しむことなく、単純明快な最期を迎えるのである。遺言通り、葬式は行わず、知人や遺族たちだけが赤坂の自宅の次郎の部屋で酒盛りをし、一晩中騒いで故人を偲《しの》んだ。棺《ひつぎ》の前には次郎が愛したスコッチ・ウィスキーと、二行だけの遺言書が置かれていたという。

去り際はまるで風のように。次郎らしくカッコいい最期だった。

16

First-class Conditions

一流の条件

【大局に立つ】

軒は傾き、
柱は曲がり
屋根の一部には
火が付いている
ようなときに、

自分のいる部屋だけ
よくしようとしたり、
自分の部屋を
広げようとしたり
することの
無意味を
考えないのか。

昭和20（1945）年、終戦直後の東京（アフロ）

利己的なことを考える余地などないはずだ

◎有事に求められる資質

妻・正子は次郎のことを「乱世に生き甲斐《がい》を感じるような野人」であり、有事の人であるとも評している。終戦後、日本が占領下に置かれた混乱期から、すべてを失っての復興期にかけて、実際、次郎が生きた時代は「有事」である。では有事において、求められるべき資質は何かといえば、大局に立って今現在置かれている状況を見通す力であり、その上で今行動に移すべきことは何かを知る力である。その点において、次郎のセンスはまさしく群を抜いている。

昭和27(1952)年は皇居前のデモと警備の警官が衝突した、いわゆる「血のメーデー」が起きている。一方では、吉田内閣の後継をめぐる争いや各政党の内紛が続発していた。前の見開きの言葉はこれに関連して次郎が発言したものだが、なかなかに見事なたとえである。

かねてより日本の復興のたどたどしさを危ぶみながら、その原因として、「日本の国民が現在彼等のおかれている環境に対して、ほとんど盲目であること。その感覚の甘さから来ている」「その甘さを一番露骨に出しているものが、現在の政治界であり経済界であると思う」と次郎は喚起してもいる。

◎根がない木は枯れる

敗戦であれだけの打撃を受けてペチャンコになったこの国は、未だ「軒は傾き、柱は曲がり、屋根の一部には火が付いた」家のようなものである。そんなときに、自分の利害しか考えないような、あるいは狭窄《きょうさく》的なセクショナリズムに陥るのはどうしたことか。今の日本に利己的なことを考える余地などないはずだ。そんなことも理解できないのであれば、政治家気取りなどやめてもらいたい、というのである。

次のようにも述べている。「現在の日本の復興ぶりなどということは、いわばクリスマス・ツリーみたいなもので、(中略)見ると本当に綺麗《きれい》なものだが悲しい哉《かな》あのクリスマス・ツリーには根がない。あの木は育たない、あの木はきっと枯れる」(『文藝春秋』1953年6月号)。大局に立って見極めるべし。その言葉は今なお噛み締めてみる必要がある。

左から三番目が次郎。

三章、品格

01

／

First-class Conditions

／

12

01

/

First-class Conditions

一流の条件

【真のスポーツマンシップ】

カントリー倶楽部は会員が楽しむためにある。そうでないものは帰ってもらう。

ゴルフ倶楽部で楽しむ次郎

一流の条件【真のスポーツマンシップ】

余暇の場は何ごとにも縛られない

◎ジェントルマンの余暇

ラグビーやスキーなど、さまざまなスポーツに親しんだ次郎が、晩年に愛したのはゴルフだった。白洲家の別荘が軽井沢にあったため、名門中の名門といわれる軽井沢ゴルフ倶楽部に足繁《しげ》く通い、80歳の時には理事長に就任している。「会員による、会員のためのクラブ」というのが次郎の心情で、これは本家英国のゴルフクラブを念頭に置いたものである。

ゴルフもそうだが、イギリスのスポーツマンシップというのは、貴族を中心としたジェントルマンが余暇を楽しむための心得で、基本的にオフであること、仕事を持ち込まないことが求められた。いわば世の中を動かすステーツマンシップ（政治家としての心構え）の対語として生まれたものなのである。

◎田中角栄・元総理のプレーを拒否

ゴルフ倶楽部のモットーを貫くことにかけては、「うるさ型」としても有名で、その代表的なエピソードが田中角栄・元総理がやってきたときのものである。秘書が先に駆けつけて、「いまから田中総理が参りますので、よろしく」と言う。田中は会員ではないので、係が次郎にお伺いを立てると、田中が会員でないことを確認するや、前の見開きの言葉を口にして断ったというのである。

ある種の伝説のようなエピソードで、後に、次郎自身は、その時のことを聞かれ、「総理大臣にそんな失礼な事を言うわけがない」と、否定している。だが、次郎ならあっても不思議ではない話なのである。

Column / Favorite goods

PLAY FAST

やるとなったらスピーディーにことをこなす次郎は、ゴルフでもつねに「PLAY FAST」をモットーにしていた。会員のスロープレーに業（ごう）を煮やした次郎が自らのサインを入れて倶楽部の売店で販売しようとしたが、幼い孫が「そんなところにおじいちゃまの名前があるなんておかしいよ」と言った。次郎はこの孫の言葉を気に入ったようで結局、次郎のサインのない「PLAY FAST」と書かれたTシャツを牧山が作って、倶楽部で売ることに。当時のTシャツはいまでも武相荘に残されている。

02

／

First-class
Conditions

一流の条件

【お金の使い方と人間力】

金をもうけるのは一代でできる。金を失うのも一代でできる。

だけど金の使い方を覚えるのは三代かかる。

野球は観戦するのもプレーするのも好きだった次郎

【お金の使い方と人間力】

お金の使い方にイヤシさがあってはいけない

◎財界人嫌いの理由

金銭や権力に対する淡白さは、一流の条件の一つに挙げなければならないだろう。少なくとも白洲次郎的一流の条件には欠かせないものである。「男たるもの、お金の使い方にイヤシさがあってはならない」というのが次郎の基本スタンス。そのスタンスに立って出てきたのが、前の見開きの言葉である。見ようによっては、戦後の一時期にあふれた成金に対する皮肉と取れなくもない。

牧山圭男が西武の堤清二に聞いた話では、困ったときだけ大変だと大騒ぎして泣きついてきて、儲かったときは知らぬ顔をするような財界人を次郎は嫌ったという。戦後、GHQとの仲介・便宜を次郎に図ってもらおうとする人々が菓子折りを持ってよく尋ねた。さらには、次郎の名刺が1枚5万円で取引きされているという噂も飛び交った。そのような人間がやって来ると、怒鳴って追い返すというのがいつものことだったという。

◎私腹を肥やさない

他意のある手土産は受け取らなかったが、次郎の信頼を得た数少ない新聞記者の一人、三品《みしな》鼎《かなえ》が友人から送られてきたみかんを食べてもらおうと持って来たときのこと。「これを食べてください」と渡すと、黙って受け取ったという。次郎たちに食べてもらおうと、はるばるやって来た気持ちを黙って受け取ったのだ。口にすることはなくても、相手の誠意に対しては真摯だった姿が見て取れる。

そうしたベースがあって、初めてお金の使い方もわかるということだろう。次郎は袖の下を使って頼みごとをしようとする人物が来ると、「金はたっぷりあるんだ」と見えを切ったという。しかし、白洲家で長く働いていた女性によると、「物はたくさんあるけど、お金はあまりないわねぇ」という状態だったらしい。正子もお金について、「うちだって若い頃はなかった」と述べている。むろん、ある程度の経済状態は維持していただろうが、私腹を肥やすことはなかったのである。

03
／
First-class Conditions

一流の条件

【英国紳士の振る舞い】

英国にいて一番気持ちがいいのは、身分に関係なくお互い人間的な尊敬を払うことだ。

英国留学時代ブガッティに乗る次郎と生涯の友であるロビン・ビング。ゴーグルをしてこれでもかと爆走した

肩書き・利害関係にこだわらない目線を持つ

◎はっきりとした他者への対応

戦後処理に多忙な日々を送る次郎のもとには、ＧＨＱに仲介、便宜を図ってもらおうとする輩が絶えなかった。交渉事を持ちかけるものがいれば、頼みごとにやってくるものもいた。「馬鹿な奴は大型車で乗り付け、まず菓子折りを突き出す。もっとひどいやつはその中には札束を忍ばせる」、そうした人間は玄関先で、「お目にかかる筋合いはない。お引取りください」と、追い返したという。他意のある手土産は受け取らない次郎は、金という力や権力を笠《かさ》に着た人間は嫌いだったのである。

それでいて、ゴルフ場のキャディなどにはいつも変わらず、丁寧に対応した。また落雷の恐れがあるときは、迷いなくプレーを禁じた。プレーする人間が雷に打たれるのは勝手だが、付いて回らなくてはならないキャディはそうはいかない。そうした配慮でプレーを禁じたのである。次郎が亡くなったあと開かれた軽井沢ゴルフ倶楽部の座談会では、全員が次郎の対応ぶりを思い出して号泣したというエピソードが残っている。

◎親友・ロビンが与えた影響

こうした振る舞いは、実は親友のロビン・ビングに触発された英国貴族のジェントルマンシップに由来しているらしい。英国貴族の振る舞いの基本は、上にも下にも人間として公平な態度で接するところにある。たとえば貴族が領地内で使用人と出会ったとする、使用人はもちろん貴族も丁寧な挨拶をする。相手が子供であっても同じことである。

そんな振る舞いをロビンに教えられ、次郎もまたそれを身につけたのだろう。周りを見回すと、地位の高いものは、妙に下の者に威圧的になったり、権力のある者はそれを振り回すということが少なからず見受けられる。たとえば使用人だからといって、靴の紐《ひも》を結ばせたりするのは、傍らから見ても美しいものではない。もちろん英国にも威張り散らすような人間がいないわけではない。しかし、次郎が親友のロビンやその周囲の人間と交流する中で見聞したのは、上下関係にこだわらない公平さと心の気高い振る舞いだったのである。

04

/

First-class Conditions

一流の条件

【公私混同を一切嫌う】

運転手を待たせてゴルフをする奴なんか、ゴルフをする資格はない。

ゴルフはハンディキャプが
少ないほどプロ並みだが、
次郎は一桁（シングル）で
腕前は相当なものだった

一流の条件【公私混同を一切嫌う】

ジェントルマンシップに重きをおくゴルフ場のうるさ型

◎ゴルフはモテないヤツがやる。ひとりでできるから

次郎のゴルフ好きは有名だが、実際に始めたのは意外に遅く、20代の終わり頃だったらしい。次郎自身が書いている「週刊現代」のエッセイによると、英国留学中はほとんどゴルフをやらなかったという。その理由というのが辛辣《しんらつ》を振るっていて、「その頃、ゴルフをやるのはモテない人と決まっていた。一人でできるから」というのである。

始めてからは軽井沢ゴルフ倶楽部によく通ったが、晩年はとくに「うるさ型」といっておそれられていた。いわゆる接待ゴルフが盛んになった頃に、「運転手を呼び出すのに必要だから拡声器を設置してくれ」と要求してきた会員に対して口にしたのが、前の見開きの言葉である。次郎にいわせれば、ゴルフは紳士の余暇の遊びなのに、会社の車でやってきて運転手を待たせ

るなどもってのほかと言いたかったのである。またゴルフ場にやってきて、車の後部座席でふんぞり返って運転手に靴の紐を結ばせているものを見かけると、「てめぇ、手がねえのか!」そう怒鳴ったこともあったという。

◎仕事とプライベートを区別

かつて三越の社長で日本テニス界の草分けだった朝吹常吉は、やはり軽井沢ゴルフ倶楽部のメンバーだったが、社用の車を発見すると「こいつは社用だ、けしからん」とばかり、ステッキで叩いて回ったという。次郎も同じ気持ちだったのだろう。朝吹については、次郎が好んで話したエピソードがある。三越の社長時代、ある場所で朝吹が車を止めさせて、少し待っているように言い、すぐに戻ってきた。郵便を出しに行ったそうで、「そんなことなら私がやりましたのに」と、運転手が言うと、朝吹は、「この郵便は個人的なものだから、君に頼むわけにはいかないだろう」そう答えたという。

次郎もまた公私混同を一切嫌った。ゴルフ場へは、もちろん自分の車で行ったし、東北電力会長時代、ときには妻の正子を伴って出張することがあったが、この際の交通費や宿泊費はすべて個人負担だった。

05

First-class Conditions

一流の条件

【恋でもPLAY FAST】

ネクタイをせずに失礼。

長く英国で暮らした次郎は英国紳士の服装規定を自然と遵守していた

イギリス帰りとアメリカ帰りの結婚

◎一目惚《ぼ》れの出会い

次郎と正子の出会いは、京都のある家で開かれたパーティーの席だった。次郎は英国留学から、正子もまたアメリカ留学から帰国したばかり。二人は紹介されるや、すぐにどこかに姿を消したという。しかも、そのパーティーは正子とその家の長男との見合いの席として用意されたものだったのだから、その一目惚れぶりはかなりのものだったということになる。

留学から帰ったばかりの正子は当時、引く手あまただったというし、次郎には留学中に付き合っていた女性がいて、帰国後も枕元に写真を飾っていた。しかし、正子と付き合いを始めてから、その写真は正子のものと入れ替わったという。

◎次郎の言葉で決めた正子の覚悟

一目惚れで相思相愛の結婚だったが、なぜか二人は結婚式の写真を嫌い、見つけるたびに破り捨てていたという。そして結婚の理由を尋ねると、決まって「（正子の母親が）病気で余命幾ばくもなかったので、安心させるため」と口をそろえるのである。きっと照れがそう言わせたのだろう。

そんな二人が結婚してまもなくの頃、朝、次郎が朝食の席に着くと、「ネクタイをせずに失礼」。真顔でそう言ったのである。次郎にしてみれば、それが英国にいるときの常識で身についたものだったのだろうが、この次郎の言葉を聞いて、正子は「これから、こういう男と暮らしてゆくのだ」と覚悟を決めたという。

Column
/
Favorite goods

ラブ・レター

二人が付き合っていた頃、次郎が正子に送った写真に添えられた文章に、

> Masa you are
> the fountain of
> my inspiration
> and the climax of
> my ideals.

とあった。
〝君は僕にとって霊感の泉であり、究極の理想だ〟という意味である。

06

First-class Conditions

一流の条件

【清廉された身だしなみ】

君、そんな格好で会社に行っても大丈夫なのか？

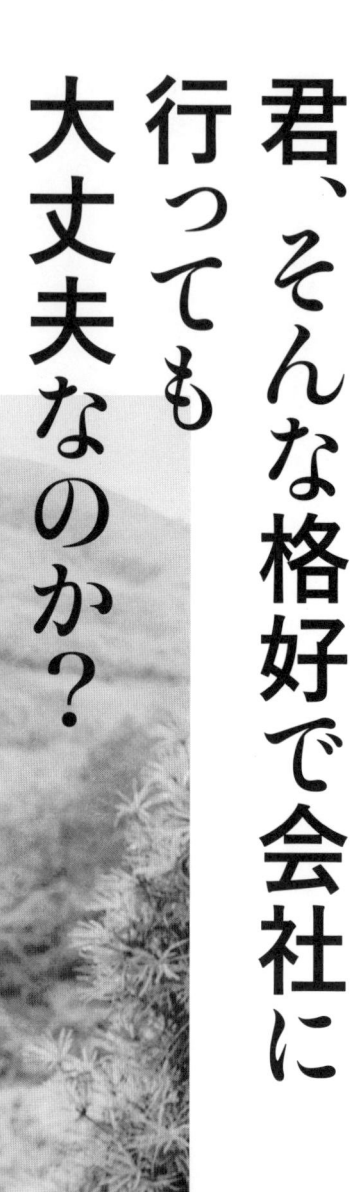

50代も半ばの次郎。やわらかな表情のなかに甘さを感じさせる

一流の条件【清廉された身だしなみ】

基本をわきまえたおしゃれ

◎ツイードは狩りに行くときのもの

娘・桂子の結婚式では、夕方5時前だからと断じてディナードレスを着ようとしなかったことについては前に触れた（八九頁参照）。そのくらい服装や身だしなみには、厳しい独自のルールを持っていたのである。

牧山圭男によると、会社へ出勤前のある朝、牧山の服装を見て、「君、そんな格好で会社に行って大丈夫なのか?」そう詰問されたことがあった。そのときの牧山の服装はツイードのジャケットだったが、次郎はまるで水着を着て会社に行くかのような表情だったそうである。次郎にとっては、ツイードのジャケットは郊外にうさぎや鹿をハンティングしに行くときに着るもので、間違ってもオンビジネスに着るものではないという思いだったのだろう。

◎ブレザーにニットタイは×

次郎の晩年、牧山はイギリスへの旅に同行しているが、そのときも口うるさく言われたのは、「外出するときはネクタイはともかく、必ずジャケットは持っていけ」ということ。そのこともあって、次郎はジェームズ・ボンドや英国王室御用達として名が知られる、ターンブル&アッサーでブレザーコートを買ってくれたそうである。この場合も、ネクタイは所属クラブか出身校のスクールタイなど、絹のネクタイをしなくてはならない。「ニットタイなどを合わせたら、お里が知れるぞ」ということだったらしい。

おしゃれには絶対的な基本的ルールというものがあって、どんな時代にも通じるものだというのが次郎の考え方。この基本さえおさえていれば、どんな場面でも通用するというのである。

Column / Favorite goods

ブレザーコート

次郎が牧山にブレザーを買ったターンブル&アッサーは、もともと英王室御用達の名店で、次郎もシャツやネクタイはここで誂えていた。ちなみに007ジェームス・ボンドのトレードマークもターンブル&アッサーのシャツとネクタイである。

Masa: You are the fountain of my
inspiration and the climax of my ideals.
Jou

昭和3（1928）年、正子に
送ったラブレターに添えた
写真。結婚するまで英語の
ラブレターを何通も送った

幼い頃から能を習い、日本文化の真髄をえぐる名著で知られる正子の結婚前の写真。白洲のもとには実家からお手伝いさんを伴って嫁いだという

07

First-class Conditions

一流の条件

【自分流を貫く】

あいつは新しい服を着ていると思われるのが嫌で、同じものを1ダースつくっているのさ。それを毎日取り替えるから、いつでもちゃんとしているんだ。

1904年英国生まれのロビン・ビングとは、次郎が英国留学時代のクレア・カレッジでの出会い以降生涯に渡る友情を結ぶ

一流の条件【自分流を貫く】

いいものは、いつの時代でも通用する

◎親友・ロビンの服の謎

次郎が英国流のジェントルマンシップを親友のロビン・ビングから影響を受けて、シェイプアップしていったことは、すでに触れた。服装や身だしなみについても同じなのだが、当のロビンはいつも同じ服装をしていた。ブルーのピンストライプのスーツに同じ柄のシャツとネクタイという格好である。

なんどかロビンに会ったことのある妻の正子は、これを不思議に感じ、次郎に尋ねたことがあった。すると次郎はこう答えたという。「あいつは新しい服を着ていると思われるのが嫌で、同じものを1ダースつくっているのさ。それを毎日取り替えるから、いつでもちゃんとしているんだ」。新調の服をまっさらのまま着るときは、男には誰でもちょっとしたテレがある。しかし、まったく同じ服を何着も持っていて、それを繰り返し着ていれば、たとえ新調しても気づかれない。いまでも、こうしたおしゃれを実行している人がいるが、これぞ、究極のおしゃれというべきだろう。

◎服装には口うるさい

次郎はまた娘の桂子の服装にも、なにくれとなく口を出したようだ。たまにお小遣いをあげたときにハンドバッグを買うと喜ぶが、歯医者に使ったというと、「そんなものは亭主に払わせろ」と機嫌が悪かったという。とくに一緒に出かけるときは、「一緒にいる女が薄汚いのが我慢出来ないらしく、もっと口紅をつけろとかビラビラした洋服を着るなとか、母とは違う意味で口うるさい所がありました」(『次郎と正子―娘が語る素顔の白洲家』牧山桂子著)というふうで、ときには出かける直前になって着替えさせることもあったという。

娘の服装に注文をつけるのは正子も同じで、いつも親娘の争いがあったという。桂子は、今の流行を知らないじじいとばばあが何を言うかと思ったようだが、「いつの時代でもヘンなものはヘン。いいものはいい」というのが次郎たちの主張だったのである。確かにファッションやおしゃれには、いいものはどんな時代にも通用するという基本形があるのかもしれない。

08

／

First-class
Conditions

一流の条件

【究極のドレスコード】

オーバードレスとアンダードレスに
気をつけろ。

右上がりのストライプ柄のネクタイを英国式レジメンタルタイという。英国では特定の団体を認識する意味もあり、軍事関係者やケンブリッジなどの名門大学出身者が身につけることが多い

一流の条件【究極のドレスコード】

分をわきまえた服装にする

◎ゴルフ場ではゴム草履に短パン

牧山がツイードで会社に行こうとしたことに驚いた次郎だが、格式の高い軽井沢ゴルフ倶楽部には平気でゴム草履に、Tシャツ、短パンで出かけた。次郎によれば、ゴルフ場は夏のリゾートだから、これでOKなのである。もっとも牧山が生涯に一度だけ、次郎とゴルフをすることになった牧山が程ヶ谷カントリー倶楽部に出かけたときは、「あそこはうるさいところだ。今は夏期だから要らないかもしれないが、念のためジャケットを持っていけ」と、なんども言われたそうである。服はもちろん、帽子でもネクタイでも、常に一流のものを身につけていた次郎だが、たとえばヘンリー・プールのスーツを買ったのは、それなりの年齢になってからである。ヘンリー・プールといえば、当時は昭和天皇や吉田茂が誂《あつら》えていた店で、次郎には「まだ10年早い」からであった。時と場所、場合だけでなく、服装にはそれぞれの年齢や立場にふさわしいかどうかというわきまえも問われるのである。

◎なんでもきちんとすればいいわけではない

そんな次郎の口癖が、前の見開きの「オーバードレスとアンダードレスには気をつけろ」だった。服装のコードにはうるさい次郎だったが、なんでもきちんとしていればいいというわけではない。娘の結婚式の時間を理由にディナードレスを拒否したように、場違いなオーバードレスはアンダードレスと同じくらいみっともないと言いたいのである。オーバードレスとは、野外のランチにスーツとネクタイで出席するようなもの。アンダードレスとはフォーマルな席にジーンズで参加するようなものである。

ロビン・ビングがいつも同じスーツを着ていたのは、実は究極のおしゃれなのだが、これは女性にはわかりにくい感覚かもしれない。あるいは「着くずす」という発想も。男性独特のものかもしれない。次郎は三宅一生に話したツイードはくたびれた頃に着るものだというのも女性には少々わかりにくいのではないだろうか。「女に男のものがわかるわけがない」というのは、次郎のもうひとつの口癖だったのである。

09

／

First-class Conditions

一流の条件

【着くずしの心得】

ツイードなんてあんなものはね、
買ってすぐ着るもんじゃないよ。
3年くらい軒下に干したり、
雨ざらしにして、
くたびれたころに着るんだよ。

テトリー＆バトラーのニッカー・ボッカーのツイードの三揃い

一流の条件【着くずしの心得】

次郎のおしゃれにデザイナーが太鼓判

◎白洲さんは本当におしゃれだ

晩年、次郎はファッションデザイナーの三宅一生と親交があった。もともとは三宅がまだ学生の頃、正子がやっていた着物や骨董を扱う「こうげい」という店によくやってきたことが縁だった。次郎との交流が始まった頃、ツイードの着こなしについて語ったというのが、「ツイードなんてあんなものはね、買ってすぐ着るもんじゃないよ。3年くらい軒下に干したり、雨ざらしにして、くたびれたころに着るんだよ」だったのである。天下のファッションデザイナーに着こなしを教える次郎も大したものだが、三宅自身も後年、「白洲さんは本当におしゃれだった」と語っている。

確かに晩年になって、三宅一生のコスチュームのモデルになっても、ちゃんとさまになっている。さすがに次郎ならではのものだが、これは基本さえ押さえれば、あとは中身という次郎の信念がなせる技なのだろう。

◎三宅一生のコートで入院

次郎の80歳を記念したパーティーが開かれたことがあるが、この時招かれたのはほとんど女性で、男性は当時東宝の社長だった松岡功と三宅一生だけだったという。晩年、次郎は三宅のコスチュームを身につけることがあったが、昭和60年、最後となる入院をしたときは、三宅一生による特別仕立てのデザインコートを着ていたという。もしかすると最後の花道を飾るという意識があったのかもしれない。

Column
/
Favorite goods

おしゃれの品

スーツはロンドンのセビル街にあるヘンリー・プール。ネクタイは英王室御用達のターンブル&アッサー。シャツはハービー&ハドソン。靴はジョン・ロブ。そして帽子はヘンリー・ヒース製のシルクハット。次郎がお気に入りだった品々である。いずれも一流品だが、次郎にはドレスアップと同時に、ドレスダウンにも気づかった。つまり着くずしである。おしゃれの大切なポイントである。

10／

First-class Conditions

一流の条件

【高貴なる者の義務】

地位が上がるほど、役得ではなく、〝役損〟が増えることを覚えておけ。

吉田茂首相の渡米特派使節として外資導入問題で手腕が期待された。昭和25(1950)年撮影（読売新聞/アフロ）

地位には求められるものがある

◎犬丸一郎・元帝国ホテル社長への忠告

さまざまな外交交渉や仕事の局面で、私利私欲を排して行動した次郎は、組織のリーダーたる地位についた人間が、「待ってました！」とばかり権威を振り回したり、私利を得ようとする姿勢を徹底的に批判した。

親交のあった元帝国ホテル社長の犬丸一郎は、まもなく社長になるというときに、次郎に言われたという。「もうじき社長になるんだろう。いいか。地位が上がるほど、役得ではなく、役損が増えることを覚えておけ」次郎は、そう釘をさしたのである。人の上に立つ者に私利私欲があってはならない。そうした人間には私欲を捨てて守らなくてはいけないものがあると言いたかったのである。

◎英国の伝統的な思想を自分に課す

こうした考え方は、次郎のもともと持っていた要素もあるのだろうが、英国貴族の「noblesse oblige（ノーブレス・オブリージュ）」という思想にも大きな影響を受けていたと思われる。ノーブレスとは貴族などの上流層のことで、そうした地位にある者には、果たすべき責任があるという考え方である。

英国の貴族は、領地や資産を持っているだけでなく、その下では多くの領民や使用人が生活している。彼らに対する責任を有するというだけではない。上流層はステーツマン（政治家）として組織や国などの運営、指導にも責任を持たなくてはならない。たとえば第一次世界大戦では貴族階級の子弟に多くの犠牲者を出しているし、英王室でもアンドリュー王子が、イギリスとアルゼンチンの間で昭和57（1982）年に勃発したフォークランド戦争に出兵している。そんな伝統的な考えを次郎は、アレンジして自分に課したのである。

犬丸一郎が次郎に言われた前の見開きの言葉は、責任ある地位や役職にいるもの全般に対して次郎が抱いていた考え方なのである。これは単にイギリス貴族階級のものというだけではなく、いまも地位ある者に求められる。

11

／

First-class Conditions

一流の条件【実力本位】

あの大学は
いい大学なんだよな。
だって
あそこを出ただけでは
何にもならないんだから。

長男・春正と

一流の条件【実力本位】

肩書きで生きるな実力を磨け

◎努力して一流になれ

長男の春正が東京藝術大学に合格したときに、次郎は嬉しそうに前の見開きの言葉を語ったという。とかく日本人は肩書きに弱い。次郎が仕事で出会う役人や政治家、経済人においてもそれは例外ではなく、東大卒だ、京大卒だと、その肩書きばかりをひけらかす人間を山ほど見ている。片や次郎とて、名門ケンブリッジ大学卒であるわけだが、そんなことではないのだ。次郎は白洲次郎という一個の人間として生きてきたのであり、自己を磨くよう努めてきた自負がある。国際社会では、看板や肩書きではなく、個人こそ問われることも知っている。

そもそも肩書きや地位などというものは本人の実力とは何の関係もあるまいし、その威光を笠に着て威張るような権威主義者＝中身のない輩は、次郎の最も嫌う類いの人間だ。次郎自身は肩書きや出自などで人を差別しない。むしろ目下の者にこそ優しかった。ときに東北電力会長時代には工事現場に赴いて車座で皆と酒を飲んだし、職人へのリスペクトも忘れることがなかった。目の前の相手がどのようなアイデンティティの持ち主なのかといった人物本位の目利きであり、身分の上下などに拠《よ》らず、誠実に職務をこなす人間への敬意を失わない。これぞ本物の英国流ジェントルマンシップと言っていいだろう。

その点、藝大はただそこを出たというだけでは何の役にも立たない。実力こそすべて。大学を出てからも努力していかなければ一流の芸術家にはなれないというのがいい。だからこそ「いい大学」なのだ。次郎は、息子がそうした世界を選び、足を踏み出してくれたことが嬉しかったのに違いない。

Column
/
Favorite goods

ジーンズ

次郎は日本人として初めてジーンズをはいた男とも言われている。昭和26（1951）年、サンフランシスコ講和会議に向かう機内でも、畏（かしこ）まった一行をよそに、Tシャツにジーンズ姿で寛（くつろ）いだという。空港に降り立った際には一分の隙もない英国スーツ姿。そのギャップも次郎らしい。また、ジーンズで農作業する姿も似合っていたが、当時の農家の服装としてはちょっと浮いていたらしい。

12

First-class Conditions

一流の条件

【汗を流す】

百姓をやっていると、人間というものがいかにチッチャなグウタラなもんかということがよくわかる。

今でこそ野良着風だが、鶴川へ転居した昭和18（1943）年当時は新しく、周りから浮いた姿だった

一流の条件【汗を流す】

大地に向かって汗を流せば人間が見えてくる

◎知的労働はしない

戦況が悪化する昭和18（1943）年、次郎は41歳にして仕事から退き、鶴川村の「武相荘」へと居を移す。そこで次郎が選んだのは「百姓」である。後にある座談会で友人たちに聞かれ、自らについてこのように答えている。

「俺は政治家なんかじゃないんだ」「何だい、お前は」「俺は百姓だ」

また次のようにも語っている。

「筋肉労働は好きだな。知的労働はしないよ。――知的労働をしてると思ってるんだから、みんな甘いもんだよ」

鶴川村への隠棲時には、戦局について「この戦争は必ず負ける」と公言している。やがて東京は爆撃に遭い、灰燼《かいじん》に帰す。そして食糧難に陥るだろう。だから百姓をやるのだ、とも。常に先を見越して行動する次郎らしい話だが、それは単に己がためではない。そのバックボーンは「カントリー・ジェントルマン」たらんとする志だったと妻・正子は言っている。

◎カントリー・ジェントルマン

カントリー・ジェントルマンとは、「地方に住んでいて、中央の政治に目を光らせている。そしていざ鎌倉という時は、中央へ出て行って、彼らの姿勢を正す」（『遊鬼 わが師 わが友』白洲正子著）という存在なのだという。それは次郎が留学中に学んだ英国貴族のスタイルである。

中央から距離を置き、大地を相手に汗水を流す日々の中で遠方から眺めれば、いかにチッチャなことでゴタゴタとやっていることか……そのつまらなさ、卑小さがよく見えるのだろう。

また実際、次郎は前の見開きの言葉にもあるように、自らの肉体を使って労働すること。大地と向かい合って作物を生産し、それを人々に供する「百姓」という営みを素朴に愛していたようだ。あるとき、なぜ百姓仕事が好きなのかと問われた答えが前の見開きの言葉でもある。同じインタビューで、尊敬する人物はという質問には「この鶴川の部落の百姓にもたくさんいる。『農林一号』をはじめて作った人、（中略）あの人なんかもエライと思うね」とも答えている。

中学時代はサッカーや野球
に熱中していた

四章、趣味・遊び

01
／
First-class Conditions
／
05

01

／

First-class Conditions

一流の条件

【モテる振る舞い】

金払いはよくしろ。明るくふるまえ。特定の女とばかりしゃべるな。そして言い寄られたらノーと言え。

昭和51（1976）年、新聞のインタビュー時の一枚。
（読売新聞/アフロ）

コップ一杯の牛乳を飲むために牛を飼うのか

◎モテるコツ4カ条

次郎は酒を飲むと、周りの若い連中に冗談混じりにいろいろな話をして聞かせた。そんななかに、女性にモテるコツなどというものがあった。一、ケチケチせずに金払いはよく、二、明るくふるまう、三、特定の女ばかりと話をしない、四、言い寄られたらノーと言う、というのである。モテるといっても、これはバーやクラブなどでモテるコツということらしいが、実際、次郎はこうした席でよくモテた。この背景にも、上下関係や女性といった特定の人だけに敬意を払って接することを嫌う次郎流のダンディズムを垣間みることができる。また、ある老舗の蕎麦《そば》屋でのこと、椅子に座っている次郎の靴ひもがほどけているのを見た女将がかがみ込んで結ぼうとすると、「まだ君の番じゃないけど、まあいいか」、そう言ってのけたという。

◎愛人をめぐる次郎の持論

女性関係の噂がないわけではなかった。その辺を嗅ぎつけたある評論家が、次郎に直接電話をかけ、「白洲次郎をめぐる五人の女について記事にするが」と言われると、次郎は即座に「どうぞご自由に」と答え、鼻白《はなじろ》んだ相手は執筆を諦めたという。

「家庭が面白くないから男は外で遊ぶのだろうが、それでおめかけさんを囲っていたら、おそらくまたそこから逃げ出して、別の家庭を作らなきゃならない。僕はそんな無駄なことはしないよ。牛乳一杯飲むだけのために牛一頭買う馬鹿がどこにいる」というのが次郎の持論だった。

次郎は作家の川口松太郎とも懇意にしていたが、次郎をモデルにしたらしい川口の小説で、映画にもなった作品では、かなり焦ったらしい。主人公を巡る銀座クラブママの恋の鞘当てを描いたもので、脚色はしてあったものの、かなり事実と当たっている部分も所々あったようなのである。小説そのままのエピソードがあったかどうかは別にして、次郎がモテたことは事実なのである。

じつは、辻井喬こと堤清二も次郎をモデルにしようとしたことがあった。堤は牧山の勤務先の社長だから協力を依頼されたという。しかし、いろいろ調べてみて、結局、書くのはやめたという。彼がモデルにするほどの怪しげな材料がなかったらしいのである。

02 / First-class Conditions

一流の条件

【車を愛する】

No Substituteな車を目指せ。

運転免許証と自作の高速道路切符入れ

名車を生涯の友とした オイリー・ボーイ

一流の条件【車を愛する】

◎中学生でアメリカの名車に乗る

イギリス留学時代の次郎は、周りから「オイリー・ボーイ」と呼ばれていた。車に熱中し、いつも油にまみれていたからである。次郎の車遍歴は、旧制中学時代の17歳から始まる。父親である文平に買ってもらったペイジ・グレンブルックSix－38に乗って神戸の街を走り回っていたのである。英国留学中はブガッティとベントレーという名車を持ち、親友・ロビンとともにレースに出場したり、休日にはヨーロッパをドライブで周遊してもいる。日本に帰ってからも同様で、70代で愛車ポルシェを駆って東名高速を飛ばしたという伝説が残っている。娘の桂子によると、ポルシェのシートにおさまって家を出るときは、まるでカーレースのコックピットを出る車のように轟音を響かせていたという。また東名高速では若い者とスピードを競い合い、「若い奴をぶっちぎってやった」と言ったこともあったらしい。

もちろん日本車にも乗っていた。トヨタのソアラには初代から乗っていたそうで、ソアラの開発者である岡田稔弘に、車作りのアドバイスをしていたという。いろいろ細かい注文をしたようだが、基本は「No Substituteな車を目指せ」ということ。つまり、かけがえのない車ということである。しかし、次郎の注文を入れた二代目のニューソアラの完成直前に、次郎は亡くなり、代わりに妻の正子が完成披露のパーティに出席したという。

◎死後20年経って帰ってきた愛車

こよなく車を愛した次郎だが、その死後20年が経ってから英国時代に乗っていたベントレーが武相荘にやってきた。しかもナンバーは次郎が乗っていたものと同じXT7471である。その当時、ロンドンで走っていたベントレーを日本人コレクターが見つけ、日本に持ち帰ったものだったのである。武相荘の門前でベントレーを見た娘の桂子は、「おかえりなさい」思わず口走ったという。その6年後には、今度は次郎が最初に乗ったペイジ・グレンブルックもやってきたから驚きである。じつは、後にNHKで放送されたドラマ『白洲次郎』のために手に入れたものだったのである。

03

First-class Conditions

一流の条件

【機知に富む忠告】

そいつに言っておけ。
本妻よりも、
妾《めかけ》の方が金がかかる
というのがわからないのか。

マナー違反のゴルファーを見つけると、どんなお偉方でも構わず叱りつけたという

一流の条件【機知に富む忠告】

どんなときでもユーモアを欠かさない

◎次郎ならではの言い回し

ゴルフや軽井沢ゴルフ倶楽部に関する次郎のエピソードは数多くあるが、これもそのひとつ。軽井沢は夏の避暑地だから、冬場のお客はほとんどいない。そんなわけでゴルフクラブも冬の期間は閉鎖していた。そのことについてメンバーの一人が、「東京のクラブの半分しかオープンしていないのに、年会費が東京より高いのはおかしい」と言い始めた。

それを聞いた次郎の一言が、「そいつに言っておけ。本妻よりも、妾の方が金がかかるというのがわからないのか」。まさに次郎ならではの機知に富んだ一流の言い方である。命がけのきついユーモアもある。戦後、占領軍との交渉をしていたとき、次郎はＧＨＱのホイットニー准将に自身の英語を褒められると、すぐに「あなたの英語ももう少し勉強すれば一流になれますよ」と答えたのである。占領下という時が時だっただけに、いわば命がけ。腹の座ったユーモアだったのである。ほのぼのとしたユーモアもある。長男の春正が東京藝術大学に合格したときは、「あの大学はいい大学なんだよ。だって、あそこを出ただけでは何にもならないんだから」、そう言って喜んだ。ただおもしろいだけでなく機知と示唆に富んでいたのである。

◎風化されていく次郎の伝説

昭和60（1985）年、83歳で亡くなった次郎は、体調を崩して入院したとき、検査をする「利き腕」を尋ねられ、「右利きです。でも、夜は左利き」と答えて看護師を困らせている。左利きとは酒飲みのことで、この2日後には亡くなっているのだから、最後まで次郎のユーモアは健在だった。

次郎が亡くなった後、軽井沢グルフ倶楽部で「白洲カップ」という競技会が開かれたことがあり、牧山圭男もこれに参加した。このときの出で立ちは、ゴム草履。もちろん、ゴム草履にTシャツでパーティーに出た、かつての次郎を偲んでのギャグだったが、参加者に大顰蹙《ひんしゅく》をかってしまったという。

あれだけ数々の伝説を残した次郎なのに、牧山のユーモアは通じなくなっていたのである。

04

First-class Conditions

一流の条件

【オリジナルを堪能】

水なんかで割ったら、せっかくの味が台無しだ。

親友ロビンが贈ってくれた
というウィスキー各種

一流の条件【オリジナルを堪能】

本場仕込みのスコッチのたしなみ

◎親友・ロビンの贈り物

夜は左利きだった次郎だけに、酒はあらゆるものを飲んだが、なかでも好んだのがウィスキーだった。しかも親友・ロビンが定期的に送ってくれるウィスキーは、ロビンが本場・スコットランドの酒造所で樽ごと買って、自分の屋敷内で何年も寝かせたものなのだから、うるさくなるのは当然だったかもしれない。

戦後、日本にもイギリスなどのウィスキーが輸入され、一気に需要が増えたが、水で割るのが主流の飲み方だった。それに対して次郎が口にしたのが、前の見開きの言葉である。確かにイギリスでは、ウィスキーはストレートで飲むのが基本で、たとえ水で割ったとしても氷は入れない。氷を入れることで薄まってしまい、味が落ちるからだ。日本ではオールドパーが有名だが、次郎にいわせれば本場のスコットランドやイギリスには名も知れぬもっといい地酒がたくさんあるということである。

◎文化人相手の説教

次郎自慢のウィスキーを飲みたさに、評論家の小林秀雄、河上徹太郎、作家の今日出海など友人が足繁く通い、酒宴が開かれることも少なくなかった。すると、必ず次郎の説教が始まったという。「君らも立派な知識人だろう。もっと上品にたしなみ給えよ」。きっと彼らは極上のウィスキーをガツガツと飲み漁《あさ》ったのだろう。もっとも、そういう次郎も舌の根が乾かぬうちにベロベロだったのである。

Column / Favorite goods

手作りのグラス

本場のウィスキーはストレートか、もしくは2：1の水割りで飲むのだという。次郎のお気に入りのグラスは、親友・ロビンから送られたウィスキーボトルをカットしたもの。いまも武相荘に残されている。

05

／

First-class Conditions

一流の条件

【酒と人間の機微】

Bar is open
さあ、バーが開くよ！

軽井沢での一枚。日が沈むとともにテラスでの晩酌がはじまる（毎日新聞社／アフロ）

一流の条件【酒と人間の機微】

酒は素晴らしい時間と思い出を残すもの

◎夕暮れのテラス

次郎は、いつも友人たちと酒を飲みながらバカ騒ぎをしていたわけではない。夏や晩年の多くを過ごした軽井沢での酒は、また少し趣の違ったものだった。夕方になると、別荘のテラスに椅子を持ち出し、ちょっとしたつまみと酒を用意し、「Bar is open さあ、バーが開くよ！」と、誰にともなく言いながらグラスを口にしたという。このときの酒は、ドライ・マティーニやジントニックだった。

ジントニックは暑い国で働くイギリス人が考え出したもので、夏の日の夕方にはピタリの飲み物である。マティーニはアメリカで生まれたものだが、その由来は「ピリっとした味わいが、英国陸軍のライフル銃マティーニ＆ヘンリーを撃つ際の衝撃のようだったから」という説がある。また、さまざまなバリエーションがあることでも有名で、イギリスの宰相・チャーチルは、まずジンをたっぷりと注ぎ、ベルモットは横に置いた瓶を眺めるだけで飲んだといわれている。さらには007のジェームス・ボンドも映画上で愛飲したことでも有名である。酒の香りを口にふくめながら、さまざまな思いを巡らせていたのかもしれない。

◎ロンドンの思い出のバー

バーといえば、次郎がよく話していたいい話がある。戦争で10年ほど行けなかったロンドンへ行き、以前よく通ったバーを訪れたときのことである。青柳恵介著者の『風の男　白洲次郎』によると、バーに入ると店の佇まいもボーイたちの顔ぶれも以前のまま。しかし、彼らは次郎を忘れたように立ち働いている。椅子に座り、忘れられてしまったのかと、次郎がため息をついているとバーテンダーが、次郎が当時いつも頼んでいた飲み物をだまって目の前に置いて、片目をつぶって見せたというのである。このときの感銘がよほど深かったのか、次郎はイギリス人というものについて語るとき、よくこの話を持ち出したという。次郎が武相荘で友人たちと酌み交わした酒もそうだが、このロンドンのバーのエピソードにも、酒の背後に人間関係の機微が見えるのである。次郎は酒を通して人間の機微も存分に味わったのではないだろうか。

次郎に見る一流のダンディズム

おわりに

牧山圭男

白洲次郎をして凄いなと思わされたのは、彼が一切のアリバイも言い訳も語らないということである。戦前、彼は吉田茂とともに英米との開戦に反対していたはずだが、戦後それについて「だから言っただろ……」などとは一切言わない。言っていたのは「今の日本をめちゃくちやにした責任はわれわれの世代にある。次の世代に対して何とかいい社会を取り戻して渡したい」ということのみだ。

戦後白洲は、私利私欲ではなく、常に日本をどうするかというプリンシプルのみで動いていた。それは見事と言うほかない。

ダンディであることの条件を、私なりに列記してみるなら次の5つになるだろう。

一、常に筋を通し（プリンシプルがあり）、私する心がない。
二、ユーモアがある。
三、弱者に優しい。
四、そこそこ見た目がいい。
五、金に汚くない。

一については、今も書いたように次郎について改めて言うまでもあるまい。

くすくす笑える上等なユーモアというのは心に余裕がないと言えないものだと思うが、次郎にはそれがあった。たとえば当時外車ディーラーのヤナセに勤め、娘婿となった私を評して「あいつは俺にベンツを売りつけて、代金のほかに娘まで持って行きやがった」と。実は白洲が海外の友人からプレゼントされたメルセデスを私は橋渡ししただけなのだが、これなどは私が気に入っている白洲一流のジョークの一つである。

弱者に対しては、これは徹底的に優しかったと言っていい。たとえば、ゴルフ場ではキャディたちに無類と言っていいほど優しかったし、キャディに怒鳴るようなやつは許さなかった。食事のために店に車で来ると、「なんでもいいから、先に運転手に食べさせてやってくれ」と運転手の分を注文するのが常。東北電力の会長時代には、何よりも現場の社員やその家族たちを大切にした。雇い人は大切にして、ともかく威張らない。逆に「社用車の後ろでふんぞり返っているようなやつはみんなバカだ」とも言っていた。目上にも目下にも変わらず心を尽くす、それが本物の英国流紳士の振る舞いなのであろう。

最後の2カ条についてはいうまでもなかろう。次郎自身は〝お洒落だ〟などと言われることを極端に嫌ったが、形式にとらわれずファッションのTPOSもよくわかっていた。サマーリゾートである軽井沢のゴルフ倶楽部で「ゴム草履で何が悪い」とペタペタ歩いている姿に、かつて「かっこいいオッサンだな」と惚れ惚れしたこともよく覚えている。

年譜

（1902～1985）白洲次郎

1902

明治35年　【第一次日英同盟調印】

2月17日、父・文平、母・芳子の次男として兵庫県武庫群精道村（現・芦屋）に誕生。祖父・退蔵は三田《さんだ》藩の儒学者の出、父・文平は綿貿易業で財を築いた大富豪。

0歳

1914

大正3年　【第一次世界大戦勃発（1914～1918）】

兵庫県立第一神戸中学校入学。野球部・サッカー部に所属。ペイジ・グレンブルックを乗り回すようになる。

12歳

1919

大正8年　【第一次世界大戦終結に関するパリ講和会議／朝鮮半島で三・一独立運動】

第一神戸中学校卒業。ケンブリッジ大学クレア・カレッジに入学。その後、ベントレーとブガッティを購入し、カーレースに熱中。後の七世ストラッフォード伯爵ロバート・セシル・ビングと終生の親友に。

17歳

1925

大正14年　【治安維持法公布／東京六大学野球連盟発足】

この年の冬終生の親友であるロビン（ロバート・セシル・ビング）とともにジブラルタルを目指し、愛車ベントレーで旅に出る。ケンブリッジ大学卒業後は大学院へと進学。

23歳

1928

昭和3年　【昭和天皇の即位の礼挙行】

金融恐慌の煽りを受け父・文平の白洲商店が倒産。帰国を余儀なくされる。帰国後は東京の英字新聞社、『ジャパン・アドバタイザー』で記者として働く。この年に後の妻である樺山正子（18歳）と出会う。

26歳

1929

昭和4年【ニューヨーク証券取引所で株価が大暴落。世界恐慌の引き金に】

樺山正子と結婚。東京クラブにいた正子の父・愛輔に「お嬢さんをいただきます」と引導を渡しに向かった。次郎の父・文平から結婚祝いに贈られたランチア・ラムダで京都へ新婚旅行に。

27歳

1931

昭和6年【満州事変勃発／犬養毅内閣成立】

赤坂氷川町の家にて長男・春正が生まれる。ケンブリッジ大学時代の友人との縁で、セール・フレーザー商会の取締役に就任する。平均月給がおよそ80～90円だった当時、次郎の月給は500円だった。

29歳

1937

昭和12年【第一次近衛文麿内閣発足／トヨタ自動車工業設立／南京大虐殺】

日本食糧工業の取締役に就任。鯨油の輸出にかかわり、毎年イギリスへ赴く。英国大使であった吉田茂と親交を深めていき、ロンドンでは日本大使館の2階が常宿となる。

35歳

1940

昭和15年【第二次近衛文麿内閣発足／日独伊三国同盟成立】

戦中の食料不足を予見し、郊外の農家を探す。太平洋戦争勃発を予想し、1939年に外務省を辞していた吉田茂の「ヨハンセングループ（吉田反戦グループ）」として「昭和の鞍馬天狗」的活動をはじめる。

38歳

1943

昭和18年【ガダルカナル島から日本軍撤退／電力の使用規制開始／山本五十六大将戦死】

神奈川県鶴川村に移住。武蔵と相模をかけて「武相荘」と名づける。河上徹太郎や今日出海といった文士や農民たちと交流を深める。「カントリー・ジェントルマン」として中央の政治に目を光らせていた。

41歳

1945

昭和20年【ドイツが無条件降伏／広島、長崎に原子爆弾投下／ポツダム宣言受諾】

外相吉田茂に頼まれ、「終戦連絡中央事務局」参与に就任。以後サンフランシスコ講和条約や「日本国憲法」の誕生にも立ち会う。GHQと互角に渡り合い、「従順ならざる唯一の日本人」として煙たがられる。

43歳

1946

昭和21年【極東国際軍事裁判開廷／第一次吉田茂内閣発足／アメリカがビキニ環礁で原爆実験】

GHQ制作の草案に対し「ジープ・ウェイ・レター」を送り、検討する時間について説明をする。二名の外務省翻訳家と二日間で翻訳。日本国憲法正草案要綱の発表にいたるまでの交渉をすることとなる。

44歳

1948

昭和23年【第二次吉田茂内閣発足／本田技研工業設立】

第二次吉田内閣でマッカーサーの指名もあり、貿易庁長官に任命される。輸出強化のために商工省を解体して、通商産業省を誕生させる立案者の中心的存在となる。在任は2カ月半ほど。

46歳

1949

昭和24年【通商産業省発足／中華人民共和国設立】

吉田首相の特使として渡米。池田勇人大蔵相や宮澤喜一大蔵省秘書官とともにジョン・ダレスと会見、平和条約交渉にあたった。この頃から「吉田の側近」として新聞雑誌に度々名前が登場するようになる。

47歳

1951

昭和26年【永山時雄が通産省官房長に就任／日本航空設立】

1949年から進めていた電気事業再編成にかかわっており、東北電力会長に就任。サンフランシスコ講和条約調印のために吉田首相らと渡米。沖縄の早期返還を盛り込ませた。

49歳

1952

昭和27年【日米安全保障条約発効／血のメーデー事件発生】

吉田首相特使として欧米を巡りロンドンで親友・ロビンと再会する。ほかにもストラッフォード伯邸やイートン校を訪れている。この年かねてより会員だった軽井沢ゴルフ倶楽部の理事に就任。

50歳

1959

昭和34年【皇太子明仁親王と正田美智子氏が結婚】

東北電力の会長を退任。以後荒川水力発電会長や大沢商会会長などを歴任するが、政財界の第一線からは身を退く。只見川の電源開発も一段落したことでカントリー・ジェントルマンに戻る。

57歳

1976

昭和51年【ロッキード事件で田中角栄首相逮捕】

老年期をむかえた次郎が情熱を傾けていた、軽井沢ゴルフ倶楽部では常務理事に就任。英国風倶楽部を実現するためのマナーに厳しい、「プレイ・ファスト」を徹底させた。

74歳

1982

昭和57年【モナコ公妃グレース・ケリーが自動車事故死】

ポルシェ911だけでなく、ベンツやパブリカのピックという小型トラック、スバル4WDなどを80歳まで運転。トヨタのソアラ開発にもあえての苦言を手紙にしたためる。

80歳

1985

昭和60年【男女雇用機会均等法制定／日本航空123便御巣鷹山に墜落】

妻・正子と京都へ旅行。素焼きの湯のみ200個に字を書く。帰宅後に体調を崩し、前田病院へと入院する。11月28日に死去、享年83歳。遺言書は「葬式無用　戒名不用」の二行だけだった。

83歳

監修　牧山圭男（まきやま・よしお）

昭和13（1938）年、東京生まれ。慶應義塾大学法学部政治学科卒業後、ヤナセ入社。昭和40（1965）年、白洲次郎・正子夫妻の長女・桂子と結婚。昭和45（1970）年、ヤナセから西武百貨店に転職し、六本木WAVEやLOFTの開設に参画。常務取締役を経て平成9（1997）年、大沢商会常務取締役に就任。平成13（2001）年に退任。以後、旧白洲邸 武相荘の運営にかかわる。趣味はゴルフ、テニス、スキー、標的射撃、作陶など。武相荘にて自身が制作した陶芸の一部を展示・販売も行う。

旧白洲邸 武相荘（きゅうしらすてい ぶあいそう）

サンフランシスコ講話条約に向けた外交の資料や次郎の愛用品、妻・正子が愛でた日本の伝統工芸品などを展示。レストラン&カフェやショップもあり、次郎と正子が武相荘へ越してから今までの、素朴ながら豊かな白洲家の暮らしを堪能できる。また、武相荘の倶楽部に入会すると、会員限定のイベントや情報を配信。詳しくはHPにて。http://buaiso.com/

住所:195-0053　東京都町田市能ヶ谷7丁目3番2号／電話:042-735-5732
開館時間:10時〜17時(最終入館は16時30分)／休館日:月曜日(祝日・振替休日は開館)※夏期・冬期休館あり

主要参考文献

牧山桂子『次郎と正子　娘が語る素顔の白洲家』(新潮社)／牧山桂子『白洲次郎・正子の食卓』(新潮社)／牧山桂子『白洲次郎・正子の夕餉(新潮社)／牧山圭男『白洲家の日々　娘婿が見た次郎と正子』(新潮社)／北康利『レジェンド　伝説の男　白洲次郎』(朝日新聞出版)／馬場啓一『白洲次郎のダンディズム〜なぜ男らしくありえたのか〜』(ぶんか社)／馬場啓一『白洲次郎の生き方』(講談社文庫)／白洲次郎『プリンシプルのない日本』(新潮社)／白洲正子『白洲正子の世界』(コロナ・ブックス／平凡社)／白洲正子『白洲正子自伝』(新潮文庫)／白洲正子『遊鬼―わが師わが友 』(新潮文庫)／青柳恵介『風の男　白洲次郎』(新潮文庫)／勢古浩爾『白洲次郎的』(洋泉社)／白洲信哉『白洲次郎の青春』(幻冬舎)／白洲正子、辻井喬、宮澤喜一、青柳恵介、朝吹登水子、その他『白洲次郎』(コロナ・ブックス／平凡社)／須藤孝光『白洲次郎 日本を復興させた男』(新潮社)／北康利『白洲次郎 占領を背負った男』(講談社文庫)／白洲次郎、白洲正子、青柳恵介、牧山桂子『白洲次郎の流儀』とんぼの本(新潮社)／北康利『白洲次郎・正子 珠玉の言葉』(講談社)

写真提供　武相荘
編集　狐塚咲季、村田知子（FIG INC）
執筆協力　齋藤 勲、池田一郎
撮影　末松正義、宇賀神善之
装丁　妹尾善史（landfish）
本文デザイン　川島卓也（川島事務所）

◎本文中、写真は言葉の内容や時期と合致していない場合があります。また、敬称は略しています。
◎掲載している言葉の中には、主旨を変えることなく抜粋・中略を行っている場合があります。また、カバー・帯では紙面の都合もありさらに一部を抜粋・中略してご紹介しているものがあります。
◎今日では差別的な表現として好ましくない用語が含まれていることがありますが、助長の意味で用いていないこと等を考慮して、そのまま掲載している箇所があります。

白洲次郎　一流の条件

2016年10月21日 第1刷発行
2022年 8月23日 第5刷発行

監修　牧山圭男
発行人　蓮見清一
発行所　株式会社宝島社
〒102-8388　東京都千代田区一番町25番地
電話:営業03(3234)4621／編集03(3239)0926
https://tkj.jp
印刷・製本　サンケイ総合印刷株式会社

ISBN978-4-8002-6042-0